Erleuchtung in der Mittagspause

Das Buch

In *Erleuchtung in der Mittagspause* nimmt Pragito Dove der Meditation ihre mystische Dimension. Sie zeigt eine neuartige und äußerst vielfältige Weise zu meditieren, für die nicht immer völlige Ruhe oder komplizierte Techniken notwendig sind. So können Sie zu jeder Zeit und an jedem Ort entspannen und den Kopf frei bekommen. Oder Sie nutzen tiefer gehende Methoden, um kreative und heilende Energien freizusetzen. Doves praktische Strategien und oft verblüffende Übungen verbinden östliche und westliche Meditationspraktiken und erschließen eine ganz neue Sicht auf die Möglichkeiten der inneren Einkehr.

Die Autorin

Pragito Dove arbeitet seit zwanzig Jahren als Beraterin und Trainerin für Stressmanagement, Entspannungstechniken und Meditation. Sie ist für verschiedene Unternehmen tätig und leitet seit einigen Jahren eine überaus erfolgreiche regelmäßige Meditationsveranstaltung in San Francisco, die die Teilnehmer bald *Erleuchtung in der Mittagspause* nannten. Pragito Dove lebt in Marin County, Kalifornien.

Pragito Dove

Erleuchtung in der Mittagspause

50 Entspannungsübungen und Meditationen

Aus dem Englischen
von Biene van de Laar

Econ Taschenbuch

Diese Ausgabe entstand auf Vermittlung durch Jürgen P. Lipp und Jürgen Mellmann.

Econ Taschenbücher erscheinen im Ullstein Taschenbuchverlag, einem Unternehmen der
Econ Ullstein List Verlag GmbH & Co. KG, München
Deutsche Erstausgabe
1. Auflage 2002

Titel der amerikanischen Originalausgabe: Lunchtime Enlightenment
(Viking Compass, Penguin Putnam Inc., New York, USA)
Übersetzung: Biene van de Laar
Redaktion: Heike Rosbach
Umschlagkonzept: HildenDesign, München – Stefan Hilden
Umschlaggestaltung: HildenDesign, München – Sabine Zels
Titelabbildung: Getty Images Deutschland GmbH
Satz: KompetenzCenter, Düsseldorf
Druck und Bindearbeiten: Ebner & Spiegel, Ulm
Printed in Germany
ISBN 3-548-74076-6

Für Osho

Inhalt

Einführung 11

Teil eins: Die Grundlagen 27

Warum Meditieren? 28
Was ist Meditation? 32

Teil zwei: Zeitgemäße Meditationen, um den Verstand zu klären und den Geist loszulassen – im Beruf, zu Hause und in der Freizeit 37

1 Es ist einfacher, als Sie denken: Entspannen Sie sich 38

Ein paar einfache Entspannungsübungen 40
Atmen Sie 41
Entspannen Sie Ihre Atmung 42
Stehen Sie fest auf der Erde 42
Schauen Sie in den Himmel hinauf 43
Setzen Sie sich unter einen Baum 44
Die 10-Minuten-Sitzung 44

Fitnessmeditationen 45
Langstreckenlauf 46
Joggen 47
Training im Fitnesscenter 47
Bewegungsmeditationen 48
Tanzen 49
Schütteln 52
Gibberisch (oder Kauderwelsch) 55
Die Dynamische Meditation 58
Schlaflosigkeits-Meditation 63
Zur Erinnerung 65

2 **Der Lachende Buddha: Genießen Sie Ihren Weg zur Erleuchtung** 72

Meditationen des Lachens und der Freude 79
Haben Sie Spaß! 79
Lächeln Sie, bevor Sie jemanden anrufen 80
Die Lach-Meditation 80
Ein Witzbuch als Gutenachtgeschichte 81
Gründen Sie einen Lachverein 82

3 **Frösche, die von Seerosenblättern springen: Werden Sie zum Beobachter Ihres Geistes** 84

Beobachtungsmeditationen 92
Die 30-Sekunden-Pausen-Übung 92
Vipassana 93
Zur Erinnerung 97

4 **Äpfel und Birnen: Üben Sie Gleichmut** 100

Meditationen des Gleichmuts 106
Linkshändiges Malen 107

Die Straße hinuntergehen 107
In der Haut der anderen 108
Sehen ohne Wertung 109
Zur Erinnerung 109

5 ☼ **Meditation ist keine Fünf-Minuten-Terrine: Wie man Geduld entwickelt** 111

Meditationen, um Geduld zu erlangen 115
Ruhig dasitzen und abwarten 116
Einfach nur Tee trinken 117
Essens-Meditation 118
Zur Erinnerung 121

6 ☼ **In unbekannten Gewässern: Entdecken Sie das Vertrauen** 123

Meditationen, um das Vertrauen zu entdecken 127
Das Gute in Ihnen 127
Summen 130
Zur Erinnerung 133

7 ☼ **Der Friedvolle Krieger: Die Kunst des Mitgefühls** 135

Entwickeln Sie Mitgefühl für sich selbst 140
Meditationen zur Erlangung von Mitgefühl 142
Stellen Sie sich vor, Sie seien ein Kind 142
Würdigen Sie sich, würdigen Sie andere 143
Karuna 144
Zur Erinnerung 146

8 ☼ **Erleuchtung in der Mittagspause: Verbinden Sie Arbeit und Meditation** 148

Meditationen in der Mittagspause 150
Essen Sie voller Achtsamkeit 150
Gehen Sie im Park spazieren 151
Sitzen Sie einfach da 151
Hören Sie Musik 152
Gehen Sie in die Horizontale 153
Meditationen für den Haushalt 159
Arbeiten Sie schweigend 159
Die Zubereitung von Mahlzeiten 159
Hegen Sie Ihren Garten 160

9 Die Alchemie der Liebe: Gehen Sie tiefer 161

Meditationen, um sich der Liebe zu öffnen 166
Das 60-Sekunden-Innehalten 167
Verspüren Sie mehr Liebe 167
Paar-Meditation 1 168
Paar-Meditation 2 170
Die Mystische Rose 172

Teil drei: Der Feinschliff 183

Entwickeln Sie Ihre eigenen Übungen 184
Fragen und Antworten 192
Wie Sie auftretende Schwierigkeiten überwinden 199
Ein paar Geheimnisse 209

Danksagung 217
Empfehlungen zu CDs und Kassetten 220

Einführung

Ihr Alltag unterscheidet sich wahrscheinlich kaum von meinem eigenen. Er ist angefüllt mit Arbeiten und Kleinigkeiten, Besorgungen und Terminen, Entscheidungen und Gefühlen. Ich fand heraus, dass alles, was ich unternahm, durch einige einfache Meditationstechniken, die ich in den täglichen Ablauf einbaute, viel leichter von der Hand ging. Das Leben nahm einen entspannteren Rhythmus an und war weitaus weniger stresserfüllt.

Nehmen wir zum Beispiel den heutigen Tag. Ich war sehr zerstreut und ließ mich leicht ablenken. Also begann ich den Tag mit einer Meditationsübung, bei der ich dasitze und eine Dreiviertelstunde lang summe. Danach strecke ich mich auf dem Boden aus und schweige eine Viertelstunde. Vor Beginn der Meditation dusche ich und ziehe mich an. Dann bereite ich das Zimmer langsam und gründlich vor, indem ich aufräume, ein bequemes Kissen bereitlege und die Musik heraussuche, die ich bei dieser Technik verwende. Im Anschluss daran setze ich mich hin und halte den Rücken gerade, aber entspannt. Sobald ich dies getan habe, beginne ich meine innere Stärke zu spüren, eine ruhige Würde, die mein ganzes Wesen durchdringt. Es fühlt sich an, als ob mein Körper wüsste, dass diese Körperhaltung die Einladung zu einem wundervollen, friedvollen Zustand ist. Ich schließe die Augen und beginne mit offenem Mund die Musik mitzusummen.

Die Laute vibrieren in meinem Körper und das Geplapper in meinem Kopf verstummt nach und nach. Wenn der Verstand schweigt, bin ich in der Lage, mich auf die Trauergefühle einzulassen, die ich infolge des Todes meines Vaters verspüre. Ich lasse die Gefühle zu, während die heilenden Schwingungen meines Summens mich in einen Kokon der Liebe und des Trostes einhüllen. Wenn ein schwieriger Geschäftsabschluss mich ärgerlich macht, summe ich weiter und lasse das Energieniveau des Ärgers ansteigen. Dann dränge ich ihn durch meinen offenen Mund hinaus. Der Ärger spült über mich hinweg wie eine Flutwelle, aber danach ist er genauso schnell vergangen. Stattdessen spüre ich das Vertrauen in meine Fähigkeiten, für dieses Problem eine kreative Lösung zu finden. Ich stelle fest, dass mein Sinn für Humor sich wieder einstellt.

Wenn die Musik endet, bleibe ich schweigend und mit geschlossenen Augen auf dem Teppich liegen. Die Energie, die ich durch mein Summen aufgebaut habe, erreicht jeden Winkel meines Wesens. Ich spüre, dass der Fußboden unter mir meinen Körper trägt, und versinke tief in den Glauben an mich selbst und das Universum. Nach einer Viertelstunde ertönt eine Glocke und ich setze mich langsam auf. Ich habe es damit nicht eilig, sondern bewege mich sehr bewusst. Dabei fühle ich mich auf ruhige Weise aktiv und freue mich auf die Möglichkeiten, die der neue Tag für mich bereithält.

Beginne ich den Tag mit einer Meditationsübung, so ist all mein Tun von einer Art entspannter Bewusstwerdung und Gegenwärtigkeit erfüllt. Ich genieße das Aroma und den Geschmack meines Frühstückstees, füttere die Katze, räume die Küche auf und trage den Müll langsam und bewusst nach draußen. Vor einigen Jahren brachte ich meinen Sohn morgens immer noch zur Schule. Damals gewöhnte ich mir an, für ihn einen Rhythmus, einen festen Ablauf zu schaffen, den ich auch heute noch einhalte.

Der Rhythmus hat eine beruhigende Wirkung für Körper und Geist. Er tröstet und nährt unser Herz und unsere Seele. Im Laufe der Jahre konnte ich feststellen, dass ich langsamer und sorgfältiger spreche. Ich ermahne mich, erst bewusst zu atmen, bevor ich spreche. Das hilft vor allem in Krisensituationen. Ich werde daran erinnert, von meinem Kopf in meinen Körper hinunterzusteigen. Und mit meinem Körper verbunden zu sein hilft mir, mit mir selbst verbunden zu bleiben. Wenn mein mittlerweile erwachsener Sohn morgens voller Panik anruft, weil er seinen Ausweis verloren hat, dann beruhigt ihn meine entspannte Reaktion und wir finden schnell eine Lösung.

Auch im weiteren Verlauf des Tages setze ich die Meditation ein, um konzentriert und dennoch entspannt zu bleiben. In der Mittagspause esse ich langsam und bewusst, erfreue mich an der Beschaffenheit und dem Geschmack jedes einzelnen Bissens. Ich stelle beim Essen das Telefon ab und lese auch nicht. Da es ein kühler, sonniger Herbsttag ist, mache ich nach dem Mittagessen einen Spaziergang, um die Anspannung zu lösen, die die Arbeit in meinem Körper verursacht hat. Der Verstand spricht in Worten zu uns, aber der Körper teilt sich durch Empfindungen mit. Diese können sich in Form von körperlichen Signalen oder Gefühlen äußern. Die Meditation hat mich gelehrt, auf meinen Körper zu hören und darauf zu achten, wann er Stresssignale oder Anspannung zeigt, damit ich ihn wieder ins Gleichgewicht bringen kann, bevor er sich durch Schmerzen bemerkbar macht.

Am Ende eines Arbeitstages wende ich eine aktive Meditationstechnik an, um meinen Körper von der Anspannung und meinen Geist von allem emotionalen oder mentalen Stress zu befreien, der sich aufgebaut hat. Da ich den Großteil des Tages damit verbracht habe, auf meinen Computerschirm zu starren, löse ich körperliche Verspannungen, indem ich mit geschlossenen Augen eine Dreiviertelstunde zu einer speziellen Musik tanze. Danach strecke ich mich eine Viertelstunde schweigend auf dem Boden aus.

Meine Tage sind weder perfekt noch stressfrei, aber meine Erfahrungen in der Meditation geben mir ausreichend Werkzeuge an die Hand, um bewusst durch den Tag zu gehen.

An diesem besonderen Tag hatte ich viel Zeit für längere Meditationen, denn ich arbeitete zu Hause. Das ist nicht immer so. Häufig treffe ich im Laufe eines Tages sehr viele Klienten oder fahre nach San Francisco hinunter, um als Beraterin einer großen Firma Meditationstechniken zu unterrichten. Außerdem reise ich durch die Staaten und manchmal auch ins Ausland, um Workshops abzuhalten. Manche Tage oder Wochen sind erheblich anstrengender als andere, besonders wenn ich einen festen Termin habe oder unerwartete Komplikationen meine Planung über den Haufen werfen.

Ich praktiziere (und unterrichte) eine ganze Reihe von Techniken – einige benötigen nur ein paar Minuten, andere beanspruchen eine Stunde oder sogar länger. Die kürzeren Techniken helfen mir auf dem Flughafen, im Straßenverkehr, zwischen Terminen oder wenn ich einfach nur einen ausgesprochen hektischen Tag habe. Auf die zeitintensiveren Techniken greife ich zurück, wann immer sich mir die Möglichkeit bietet, meistens ist das morgens oder abends der Fall. Sie geben mir an den Tagen Kraft, an denen ich lediglich Zeit für kurze Techniken habe. Genau wie der Ihre, bedarf mein Lebensstil sorgfältiger Planung *und* der Fähigkeit, mit Veränderungen klarzukommen. Daher ist diese *Auswahl* an Techniken unbezahlbar. Sie gewährt mir den Luxus, jeden Tag zu meditieren, und ermöglicht es mir, die Abfolge von Beratungen, Einzelsitzungen, Meditations-Workshops und praktischen Unterrichtsstunden effizient zu absolvieren.

Das können Sie auch haben.

Bei der Meditation geht es darum, achtsam zu sein. So einfach ist das. Das bedeutet, wahrhaftig im Augenblick zu leben, anstatt alles zu versäumen, weil der Verstand sich mit anderen Plänen beschäftigt.

Vielleicht verbinden Sie Meditation mit Religion, Predigten, Dogmen oder unbekannten östlichen Glaubensvorstellungen. Ich hoffe, dass mein Buch alle derartigen Missverständnisse ausräumen wird. Ich habe es in der Absicht geschrieben, Ihnen zu zeigen, dass Meditation ein unkomplizierter Weg ist, das Heilige mit unserer alltäglichen Existenz zu verbinden. Sie ist für uns alle da. Es existieren so viele Arten der Meditation, wie Sie sich nur vorzustellen vermögen. Sie müssen dazu weder in unbequemen Stellungen sitzen noch in ein Kloster eintreten. Sie müssen auch nicht jeden Tag über eine Stunde meditieren – zehn Minuten werden zu Beginn mehr als genug sein. Sie müssen weder Ihren Arbeitsplatz verlassen noch sich völlig von allem Stress befreien, Ihre Essgewohnheiten oder Ihre Art sich zu kleiden ändern (obwohl es Ihnen natürlich freisteht, entsprechende Änderungen vorzunehmen, wenn sie Ihnen angemessen scheinen). Meditation lässt sich ohne Probleme in einen hektischen Bürotag einbauen, in die Fahrtzeit zur Arbeit, in die Hausarbeit und ins Familienleben.

Durch die Meditationstechniken, die ich in diesem Buch vorstelle, lernen Sie, auf Ihren Körper zu achten, auf die Kopfschmerzen, die sich gerade hinter Ihrer Stirn aufbauen, auf das Gefühl im Bauch, das Sie drängt, einen früheren Zug nach Hause zu nehmen. Das Meditieren wird die Qualität Ihres Alltags völlig verändern.

In diesem Buch werden eine Reihe von Meditations- und Entspannungstechniken vorgestellt, die ich selbst im Laufe der vergangenen 22 Jahre gelernt oder gelehrt habe. Sie beruhen nicht alle auf ein und derselben Tradition, sondern entstammen den zahlreichen verschiedenen westlichen wie östlichen Traditionen, mit denen ich mich befasst habe. Ich stelle sie Ihnen in der Hoffnung vor, Sie zu Experimenten zu inspirieren, damit Sie die Techniken finden, die Ihnen am besten zusagen.

Was macht das Leben denn alles in allem so einzigartig und kostbar? Es ist das Maß an Achtsamkeit, das wir jedem Moment entgegenbringen, wo immer wir auch sind, mit wem wir auch zusammen sind. Viel zu oft spalten wir unser Leben auf, gehen davon aus, dass Arbeit immer mit Stress gleichzusetzen sei und der Urlaub die einzige Aussicht auf Erholung darstelle. Dabei können wir zu einer entspannten Achtsamkeit gelangen, die wir jeder unserer Tätigkeiten entgegenbringen. Entspannte Achtsamkeit bietet Ihnen den Luxus, gleichzeitig wahrhaftig im Augenblick, aber auch achtsam und entspannt zu sein. Regelmäßiges Meditieren kann Sie diese innere Einstellung lehren. Sind Sie wahrhaftig präsent, während Sie ein Telefongespräch führen oder im dichten Verkehr stecken, so werden Sie feststellen, dass Sie Ihre Schultern nicht bis zu den Ohren hochgezogen haben, sondern dass Sie entspannt und dennoch völlig bei der Sache sind. Meditation bedeutet keinesfalls, dass Sie in einen Halbschlaf versinken oder geistig in andere Sphären abheben.

Seit Tausenden von Jahren meditieren die Menschen. Dazusitzen und seinen Atem zu beobachten ist eine einfache Technik, die Buddha vor 2500 Jahren lehrte und die bis heute angewendet wird. Die Zeiten haben sich allerdings geändert. Unser Leben ist nicht mehr so einfach und mit der Erde und den Rhythmen der Natur verbunden wie das zu Zeiten Buddhas.

Im alten Indien konnten die Menschen ohne Schwierigkeiten schweigend dasitzen. Da ihr Lebenstakt sich im Einklang mit dem Rhythmus der Erde befand, waren sie von Natur aus meditativer ausgerichtet. Dieser meditative Zustand scheint aufgrund der körperlichen, geistigen und seelischen Anforderungen mit unserem heutigen Leben aber kaum vereinbar zu sein. Ich hoffe, Ihnen mit diesem Buch zeigen zu können, wie Sie die Vorteile der meditativen Stille in Ihrem geschäftigen Alltag nutzen können. Ich werde Ihnen erläutern, wie die Meditation helfen kann, Ihren natürlichen Rhythmus, Ihre innere Weisheit und Ihre Intuition wiederzufinden.

Meine Geschichte

Ich weiß aus eigener Erfahrung, dass die Techniken wirken. Als mein Sohn Paul vor 21 Jahren geboren wurde, war ich eine ernsthafte, verkrampfte englische Geschäftsfrau. Wenn ich in die lachenden blauen Augen meines Kindes blickte, darin seine Unschuld, sein Vertrauen und seine Freude sah, dann schaute ich in einen unglaublichen Spiegel. Ich fragte mich, was mit meinen eigenen Aspekten dieser Eigenschaften geschehen war. Ich spürte kein Vertrauen. Ich reagierte stets nur und war voller Furcht. Ich machte mir viel zu viele Gedanken um die Zukunft, statt mir die Zeit zu nehmen, den gegenwärtigen Augenblick zu genießen. In meinem Leben bewegte ich mich von einem Problem zum nächsten und manchmal gab es dazwischen eine kurze Atempause. Oberflächlich gesehen schien ich glücklich und zufrieden. Ich lebte mit meinem Mann und meinem Sohn in St. Albans, im englischen Hertfordshire, in einem geräumigen viktorianischen Haus und hatte ein angenehmes Auskommen. Meine Arbeit als Oberschullehrerin in den Fächern Französisch und Spanisch war rundum befriedigend. Mein Leben war einfach »perfekt«. Innerlich aber fand ich keinen Frieden.

Im Nachhinein ist ganz offensichtlich, dass die chronischen Rückenschmerzen, die mich in jenen Jahren plagten, ein Stresssymptom waren. Ich erinnere mich an einen kalten, regnerischen Novembertag, an dem mein Rücken noch mehr als gewöhnlich schmerzte. Ich war deswegen ausgesprochen mürrisch und mir riss schnell der Geduldsfaden. Selbst an den besten Tagen ging mir die Französin, die meinen Fachbereich leitete, auf die Nerven. Ausgerechnet an diesem Tag wollte sie mit mir über eine Änderung des Stundenplans reden. Ich nahm an, er sollte eher zu ihrem denn meinem Vorteil geändert werden, und teilte ihr unmissverständlich mit, dass ich keinerlei Interesse an derartigen Änderungen hätte. Verärgert und starrköpfig, wie ich war, wollte ich ihr auch nicht den kleinsten Schritt entgegenkommen.

Nach der Sitzung stand ich vor meiner schwierigsten Klasse: 32 Vierzehnjährige, von denen die meisten Französisch lernten, weil sie es mussten und nicht, weil sie es wollten. An diesem Tag waren sie besonders unruhig und meine Geduld war bald überstrapaziert. Gegen Ende der Stunde hielt ich ihnen einen autoritären Vortrag, eine Standpauke über die Gesetzmäßigkeiten zwischen Betragen, Noten und persönlicher Einstellung zum Lernen.

Als die Schulglocke läutete, packte ich meinen Bücherstapel und wollte einen schwungvollen, bühnenreifen Abgang hinlegen. Unglücklicherweise geriet der Stapel ins Wanken und als ich die Tür erreichte, rutschten mir die Bücher aus den Händen und polterten zu Boden. Die Schüler brachen in Gelächter aus. Es war peinlich und lächerlich und ich war sehr wütend – am meisten über mich selbst. Ich wusste sehr wohl, dass meine Schüler auf Ermunterung, Humor und Freundlichkeit immer viel positiver reagierten als auf strenge Predigten. Zu meinem Verdruss wurde mir außerdem klar, dass meine Chefin versucht hatte, eine für beide Seiten akzeptable Lösung zu erzielen. Durch meine Sturheit war ich nicht in der Lage gewesen, irgendeine andere Perspektive außer meiner eigenen wahrzunehmen. Ich war hier diejenige, die aus dem Gleichgewicht geraten war. Solange ich keinen Weg fand, mich zu entspannen, würde ich noch viele solche Tage erleben.

Auf der Suche nach einer Lösung stieß ich auf die Meditationen, die ich unterrichte und in diesem Buch vorstelle. Ich las ein Buch über Meditation und machte entsprechende Versuche in einer Londoner Schule, die Techniken eines erleuchteten Mystikers namens Osho lehrte. Osho leitete ein Meditationszentrum in Indien, in dem täglich Workshops mit Meditationen und Heilungstherapien stattfanden (und immer noch stattfinden). Osho modernisierte viele alte Meditationen, die einer ganzen Reihe von Traditionen entstammten, und schuf außerdem neue, die auf die heutige Lebensweise und den Stand der

Psychologie abgestimmt sind. Ich begann mit einer täglichen zehnminütigen Meditation, da mich die Vorstellung, eine ganze Stunde zu meditieren, doch etwas abschreckte. Die Ergebnisse ermutigten mich, auch einige von Oshos längeren Meditationen auszuprobieren. Bei diesen Versuchen spürte ich, wie ich die immense Anspannung losließ. Ich wurde ruhiger und geerdeter, viel entspannter im Umgang mit mir selbst. Am allerbesten aber fand ich, dass ich auch im Umgang mit allen anderen, die ich kannte, lockerer, humorvoller und dennoch ernsthafter war.

Mein Sohn war noch recht klein, als ich mit ihm zusammen Oshos Meditationszentrum in Indien besuchte. Da meine Ehe gerade geendet hatte, schien der Zeitpunkt für diese Reise richtig zu sein. Ich saß bei Osho, während er seinen Morgenunterricht abhielt, und war überwältigt von der schieren Erleichterung, dass ich endlich meine innere »Heimat«, meine Verbindung zu mir selbst gefunden hatte. Seine Meditationen schufen die Brücke, über die ich von Angst zu Vertrauen, von Anspannung zu Entspannung, von geringer Selbstachtung zur Annahme meiner selbst schreiten konnte. Meine größte Herausforderung bestand darin, zu lernen, mich selbst zu lieben und zu respektieren und daran zu glauben, dass auch andere mich lieben und respektieren. Am Ende blieb ich ein Jahr. Während dieses ersten Aufenthalts bekam ich von Osho auch meinen Namen »Pragito«. Das ist ein Wort aus dem Sanskrit und bedeutet »Lied«. Nach zahlreichen weiteren Aufenthalten erhielt ich die entsprechende Ausbildung, um selbst Meditation zu lehren.

Die Meditation hat den Konturen meines Alltags Farbe, Tiefe und Substanz verliehen. Die Veränderungen waren weder so laut noch so dramatisch wie in einer Wagner-Oper mit ihren Donnerschlägen, Blitzen und verblüffenden visuellen Effekten. Sie stellten sich leise und unaufdringlich ein.

Nach vielen Jahren und vielen Stunden der Meditation arbeitete ich für ein Semester als Aushilfslehrerin an einer kalifornischen High School. Wie Sie sich sicher vorstellen können, ist so eine Aushilfstätigkeit kein einfacher Job. Eines Morgens, noch am Anfang meiner Tätigkeit, machten sich mehrere Schüler über meinen britischen Akzent lustig, als ich die Anwesenheit feststellte.

Ich legte das Klassenbuch beiseite und erzählte ihnen mit einem Lächeln ein wenig über mich selbst und meine Tätigkeit als Lehrerin in England. Wir witzelten über die Unterschiede der Akzente und des Vokabulars zwischen Großbritannien und den Vereinigten Staaten.

Zu diesem Zeitpunkt hatte ich im Laufe meiner Meditationsübungen die Mystische Rose ungefähr zehnmal durchgeführt. Das bedeutet, dass ich mehr als 200 Stunden lang gelacht hatte (die Anweisungen für diese Meditation finden Sie weiter hinten). Durch die vielen praktischen Übungen hatte ich gelernt, problemlos auch über mich selbst zu lachen und Humor einzusetzen, wenn es galt, potenziell angespannte Situationen aufzulockern. Als die Klasse zur Ruhe kam und sich mit dem Unterrichtsstoff zu beschäftigen begann, fiel mir voller Befriedigung auf, wie viel geduldiger und toleranter ich geworden war, dass ich mich nur noch selten in der Defensive fühlte und dass meine Ruhe nur noch ausgesprochen schwer zu erschüttern war. Ich vertraute darauf, dass meine Fähigkeit, ein humorvolles Verhältnis zu den Schülern herzustellen, positive Ergebnisse zur Folge haben würde. Und genau das geschah auch.

Dabei bin ich in Sachen Meditation keinesfalls perfekt oder völlig geheilt, aber ich bin auch nicht mehr die Person, die ich einmal war. Seit vielen Jahren unterrichte ich jetzt schon Meditation in Indien, Europa und den Vereinigten Staaten. In meiner Praxis führe ich im Moment Einzelsitzungen, Paarberatungen, Hypno- und Stresstherapie durch. Außerdem gebe ich Kurse, halte Übungsstunden und Workshops ab und berate Firmen. Die Meditation ist ein fortschreitender Prozess, die Techniken und ihre Vorzüge, die ich jetzt vermittle, sind weiterhin integraler Bestandteil meines ganz persönlichen Wachstums.

1998 wurde ich gebeten, in Stacey's Bookstore, einer Buchhandlung in der Market Street im Finanzdistrikt von San Francisco, zur Mittagszeit eine sechzigminütige Einführung in einfache Meditationstechniken zu geben. Zunächst war ich skeptisch. Bis dahin hatte ich nur Abendveranstaltungen abgehalten und noch nie mit einem Publikum aus San Franciscos »Wall Street« zu tun gehabt. Würden die Geschäftsleute nicht viel zu hektisch sein, zu sehr mit anderen Dingen beschäftigt, um sich mitten am helllichten Tag mit Meditation abzugeben?

Meine Zweifel wuchsen, als ich an jenem Septembertag in dem Gedränge hin und her eilender Menschen in teuren Anzügen und eleganten Schuhen zur Buchhandlung ging. Die Klapptafel mit dem Wort »Meditation« darauf, die vor Stacey's auf dem Bürgersteig stand und meine Veranstaltung ankündigte, schien auf absurde Weise völlig fehl am Platz.

Als ich jedoch den Laden betrat und die Treppe hinaufging, fand ich etwa zwei Dutzend gut gekleideter Männer und Frauen vor, die erwartungsvoll auf den Beginn meiner Veranstaltung warteten. Ich führte die Gruppe durch eine Entspannungsübung für den Körper, zeigte ihr die 30-Sekunden-Pausen-Übung (Seite 92) und eine 5-Minuten-Atementspannungs-Übung (Seite 41). Am Ende der Stunde war auf den zuvor so angespannten und ernsten Gesichtern ein Lächeln zu sehen, sie wirkten frisch und erholt.

Anschließend, als ich Fragen beantwortete, wollte eine Anwältin wissen: »Wie stelle ich meinen Verstand ab? Er plappert die ganze Zeit weiter.« Ich erklärte ihr, dass es nicht Sinn und Zweck der Meditation sei, den Verstand abzustellen, sondern ihn einfach zu beobachten. Wenn wir nur zusehen und unsere Gedanken voller Gleichmut vorüberziehen lassen, dann verlieren sie nach und nach, ganz langsam, ihre Macht über uns. Wir treten mehr und mehr mit unserem Körper und unseren Gefühlen in Verbindung. Versuchen wir den Verstand zur Ruhe zu zwingen, so legte ich dar, dann führt das zu nur noch größerer Anspannung.

Ein drahtiger junger Mann, der im Finanzsektor arbeitete, fragte mich: »Muss ich die Augen schließen, um meditieren zu können?« Nein, erwiderte ich. Es ist völlig in Ordnung, die Augen bei der Meditation geöffnet zu lassen. Solange man noch übt, fällt das Meditieren mit geschlossenen Augen einfach nur leichter. Es verschafft uns eine Pause im Arbeitsalltag und hilft, die Energie nach innen zu richten, sodass wir unsere Batterien wieder aufladen können.

Die letzte Frage, die von einem gehetzt wirkenden Börsenmakler mittleren Alters kam, setzte der Veranstaltung die Krone auf. Ohne jede Spur von Humor fragte er: »Wie verhindere ich, dass ich das Atmen vergesse?« Als das Gelächter verklungen war, schlug ich vor, dass er seinen Computer darauf programmieren könne, ihn jeweils zur vollen Stunde daran zu erinnern, einen tiefen Atemzug bis in den Bauch zu machen. Er könne auch ein Schild auf den Schreibtisch stellen, auf dem stehe: Vergiss nicht zu atmen!

Da die Veranstaltung so erfolgreich verlaufen war, lud man mich ein, einmal im Monat im Buchladen eine Meditationssitzung abzuhalten. Bei der zweiten Veranstaltung entdeckte ich, dass die Sitzungen einen Namen bekommen hatten: Erleuchtung in der Mittagspause. Diese Worte enthielten die Essenz dessen, was ich zu lehren versuche: Das Heilige und das Alltägliche widersprechen sich nicht so stark, wie es im ersten Moment scheinen mag. Die Meditation ist der Schlüssel, mit dem wir das Heilige mitten in unseren Alltag bringen können.

Mit der Zeit nahmen die Mittagsveranstaltungen ein ganz eigenes Leben an. Ich hatte regelmäßige Teilnehmer, aber es kamen auch jedes Mal ein paar Neulinge hinzu. Doch selbst die absoluten Anfänger schienen sich schnell unter dem Mantel gemeinsamen Schweigens und der tief gehenden Entspannung wohl zu fühlen, der uns alle, mich eingeschlossen, einhüllte. Die Monate verstrichen und die unsicheren Fragen, die mir die Teilnehmer in der ersten Zeit gestellt hatten, blieben aus. Unsere

Sitzungen endeten gewohnheitsmäßig in einer tiefen und entspannten Stille.

Was die Zukunft bringt

Die Meditationen, die ich in diesem Buch vorstelle, sind wie ein Kurzurlaub, den Sie sich jederzeit an jedem beliebigen Ort gönnen können. Jeder kann sie durchführen. Sie benötigen keinerlei Erfahrung dafür. Was immer auch Ihr Ziel sein mag – weniger Stress, ein niedrigerer Blutdruck, mehr Kreativität und Flexibilität, gestärkte geistige Klarheit oder ein besseres Gedächtnis, die Wiederentdeckung und Verbindung mit den einfachen Freuden der alltäglichen Tätigkeiten und Pflichten, sogar größere Produktivität im Beruf –, das Meditieren kann Ihnen dabei helfen.

Erfahren Sie nun, was Sie auf den nachfolgenden Seiten erwartet:

Teil eins erklärt, was Meditation eigentlich ist, und zeigt Ihnen den richtigen Weg.

Teil zwei stellt Ihnen zahlreiche moderne und altehrwürdige Meditationstechniken und -übungen vor, mit deren Hilfe Sie bei der Arbeit, zu Hause oder in der Freizeit Ihren Verstand klären und Ihren Geist loslassen können.

Teil drei beinhaltet Vorschläge, wie Sie Ihren eigenen Übungsrhythmus finden, und beschreibt die Hindernisse, auf die Sie stoßen können, wenn Sie Ihren eigenen Meditationsstil entwickeln. Er behandelt auch die Fragen, die am häufigsten in meinen Kursen und Workshops gestellt werden. Außerdem verrate ich darin meine 15 wichtigsten Geheimnisse für ein erfolgreiches Meditieren.

Eine Frau, die zu einer der Sitzungen in der Buchhandlung kam, erzählte mir, wie überrascht sie gewesen sei, dass es für die verschiedenen Stressarten unterschiedliche Meditationen gebe. So sind zum Beispiel die Schüttel-, Jogging- und Sport-Meditation großartig für den Abbau von körperlichem Stress. Danach fällt es viel leichter, still und entspannt dazusitzen. Eine weitere Möglichkeit, körperlichen Stress loszuwerden, ist die Tanz-Meditation, die Sie mit Ihrer eigenen Verspieltheit und Kreativität in Kontakt bringt. Die Gibberisch-, Osho-Dynamik- und Lach-Meditation helfen körperlichen und geistigen Stress abzubauen, wozu auch Ärger und Frustration gehören. Diese Meditationen schaffen den inneren Raum, in dem eine neue Achtsamkeit wachsen kann. Durch die Essens-Meditation, um ein weiteres Beispiel zu nennen, werden Ihnen Ihre Essgewohnheiten bewusst gemacht. Wenn Sie sich seelisch aus dem Gleichgewicht fühlen, dann hilft die Summ-Meditation dabei, das Herz zu heilen und die Gefühle wieder ins Lot zu bringen.

Die große Bandbreite der Meditationstechniken zeigt, dass das Meditieren ein mit viel Freude erfüllter Weg ist, sich innerlich und äußerlich abzureagieren, ein Weg, der gleichzeitig den Körper, den Geist und die Seele ehrt. Probieren Sie verschiedene Techniken aus und entscheiden Sie sich für diejenigen, mit denen Sie die besten Resultate erzielen, für jene, die Ihnen ein wundervolles Gefühl vermitteln.

Unter Umständen stellen Sie fest, dass Sie die Informationen in diesem Buch bereits »kennen«. Ihre innere Weisheit war lediglich verschüttet unter dem Beruf, der Hin- und Herfahrerei, der schmutzigen Wäsche, den Absprachen bezüglich der Kinder und Fahrten zum Tierarzt. Ich schrieb *Erleuchtung in der Mittagspause*, um Ihnen eine Reihe von Werkzeugen und Techniken an die Hand zu geben, die Ihnen helfen, sich wieder mit dieser Weisheit zu verbinden. Sie gestatten Ihnen, die Bürde abzuschütteln, die wir alle tragen, während wir durch unser schnelllebiges Leben hetzen. Die einfachen, modernen Meditationen in diesem Buch können Ihnen behilflich sein, Ihre Anspannung in Kreativität umzuwandeln und Ihre als höllisch empfundene Verzweiflung in dem ruhigen See des Friedens aufzulösen, den wir alle in uns tragen.

Ich schlage vor, dass Sie dieses Buch langsam durchlesen und sich die nötige Zeit geben, die unterschiedlichen Meditationen in sich aufzunehmen und auszuprobieren. Die Meditationen können allein oder in einer Gruppe durchgeführt werden. Wie Sie das handhaben, ist eine Sache persönlicher Vorlieben. Einige von Ihnen werden es vielleicht vorziehen, dieses Buch in Verbindung mit einem Meditationskurs zu verwenden, oder Sie gründen selbst eine Gruppe. Wir müssen selbst herausfinden, welche Meditationstechniken uns am meisten zusagen und wo und wann wir sie ausüben.

Zum Schluss noch ein paar Worte über Sitzpositionen

Viele der hier aufgeführten Techniken werden nicht im Sitzen durchgeführt, einige aber schon. Allerdings sollten Sie bei den Sitzmeditationen nie eine bestimmte Haltung erzwingen. Wenn Sie sich nicht wohl fühlen, dann werden die Übungen nur noch mehr Anspannung hervorrufen und Sie erreichen gar nichts. Wenn Sie bequem sitzen können, so ist das gut, aber wenn es eine Belastung für Sie ist, dann versuchen Sie es mit anderen Positionen. Wenn Sie nicht auf dem Boden sitzen können, dann benutzen Sie einen Stuhl. Die Meditation hat keine Angst vor Stühlen.

Natürlich wollen Sie möglichst alles richtig machen. Dennoch sollte es Sie nicht allzu sehr beschäftigen, ob Sie den Rücken bolzengerade halten oder nicht. Nur allzu leicht lenken uns solche nebensächlichen Dinge vom Eigentlichen ab. Machen Sie sich damit vertraut, wie eine bestimmte Haltung aussehen sollte, und versuchen Sie sie in sich aufzunehmen. Dann gehen Sie weiter Ihren Weg. Entscheidend ist, dass Sie es bequem haben und sich wohl fühlen.

Was die Sitzpositionen anlangt, so sollten Ihre Hüften immer höher sein als Ihre Knie, damit der Rücken entlastet wird. Versuchen Sie es mit einem Kissen, das Sie sich unter das Gesäß schieben, um die Hüften anzuheben. Sie müssen nicht kerzengerade sitzen. Auf diese Weise verkrampfen Sie sich nur. Durch eine bequeme Sitzhaltung beim Meditieren können Sie herausfinden, wie sehr Sie sich selbst mögen. Sie sollten nur das Gefühl haben, dass Sie Ihren Rücken und Ihren Kopf aufrecht und in einer Linie halten. Damit zeigen Sie einen Sinn für Integrität und Würde.

Möge dieses Buch Sie dazu ermutigen, das Mitgefühl und die Kreativität zu finden, die in Ihnen leuchten. Möge es Ihnen Frieden bringen, Ruhe und Entspannung.

Teil eins

Die Grundlagen

Warum Meditieren?

Nur der Tag bricht für uns an, den wir wachen Sinnes erleben.
Henry David Thoreau

Die einfachste Antwort auf die Frage, warum wir meditieren sollten, ist die Aufforderung an Sie, etwas auszuprobieren, mit dem ich jeden neuen Meditationskurs beginne:

Stehen Sie auf. Setzen Sie sich.

Nun atmen Sie tief in den Bauch und stehen wieder auf. Atmen Sie stehend erneut tief ein und setzen Sie sich dann wieder.

Stellten Sie einen Unterschied zwischen dem ersten und zweiten Aufstehen fest? War Ihnen beim zweiten Mal bewusster, was Sie taten? Waren Sie entspannter, vielleicht sogar anmutiger?

Ich will darauf hinaus, dass wir in jede unserer Handlungen meditative Achtsamkeit und Entspannung einbringen können. Sogar in etwas so Alltägliches wie Aufstehen und Setzen. Meditation kann so einfach wie Atmen sein. Der Atem ist dabei die Brücke zwischen dem Geist und dem Körper. Jedes Mal, wenn wir bewusst atmen, bewegen wir uns von unserem Kopf hinunter in unseren Körper, erreichen wir wahrhaftig den gegenwärtigen Augenblick und einen Zustand entspannter Achtsamkeit. Es ist dieses Geist-Körper-Gleichgewicht, das eine Handlung in eine Meditation verwandelt.

In uns allen stecken tief sitzende Verhaltensmuster, die unbewusst unsere Handlungen beeinflussen. Wir zucken zusammen, wenn das Telefon klingelt, essen Speisen, ohne deren Geschmack wahrzunehmen, oder joggen im Park, während unser Verstand immer noch im Büro sitzt und die Besprechung durchgeht, die wir mit unserem Chef oder Kollegen hatten. Die Meditation ist ein Weg, uns diese gewohnheitsmäßigen Verhaltensmuster bewusst zu machen. Ist es angemessen, können wir sie auf diese Weise sanft loslassen. Durch die Meditation können wir uns besser körperlich entspannen, sodass uns bewusster ist, was wir tun und wie wir uns dabei fühlen.

Die Meditationstechniken wurden weder von einer bestimmten Person noch von einer einzelnen Denkschule erfunden. Erforscher des menschlichen Wesens an vielen verschiedenen Orten und zu unterschiedlichen Zeiten kamen zu dem Ergebnis, dass die Menschen ihr Potenzial für bewusste Achtsamkeit normalerweise nur zum Teil ausschöpfen. Aus diesem Grund wurden bestimmte Meditationstechniken im frühen Indien entwickelt, andere im 5. bis 12. Jahrhundert in den Wüsten Syriens und Jordaniens, wieder andere im 10. Jahrhundert in Japan, im Mittelalter in den europäischen Klöstern, im 18. und 19. Jahrhundert in Polen und Russland und im 20. Jahrhundert von neuem in Indien sowie zu anderen Zeiten noch an anderen Orten.

Welche Technik Sie auch wählen – und in diesem Buch werden Sie viele kennen lernen –, Meditation ist eine Möglichkeit, still zu werden, sodass Sie erfahren, was in Ihnen vorgeht. Wenn ein Mann aus dem Gefängnis ausbrechen will, sieht er sich zuerst den Grundriss und die Alltagsroutine der Haftanstalt an, um herauszufinden, wo und wann sich ihm eine Möglichkeit zur Flucht bietet. Um sich vom Stress und von anderen Verhaltensmustern befreien zu können, die Sie unglücklich machen, müssen Sie erst einmal herausfinden, wie Sie funktionieren. Dadurch gewinnen Sie Einsichten und Verständnis und wird sich Ihnen ein Portal zur Freiheit öffnen.

Solange Sie nicht danach suchen, wird Ihnen kaum auffallen, wie viele Menschen bereits die Vorzüge der Meditation entdeckt haben. Ich erinnere mich daran, wie ich vor vielen Jahren Arthur Ashe in Wimbledon bei dem Match zusah, mit dem er die begehrteste Trophäe der Tenniswelt errang. Vor jedem Seitenwechsel saß Ashe einige Minuten mit geschlossenen Augen da und meditierte, um sich zu beruhigen und zu erden. Dabei beeindruckte mich besonders, dass er bereit war, dies vor so vielen Menschen zu tun, und sich dabei von den auf ihn gerichteten Fernsehkameras und all dem Trubel um ihn herum nicht irritieren ließ. Dazu bedarf es großen Mutes, besonders in der unter starkem Druck stehenden Welt des Männertennis. Ashes verinnerlichtes Spiel in jenem Jahr war herausragend. Die Meditation half ihm, ruhig und geerdet zu bleiben, einen klaren Kopf zu behalten. Er bekam keinen Wutanfall, wenn eine Entscheidung nicht zu seinen Gunsten ausfiel, führte aber auch im umgekehrten Fall keinen Freudentanz auf. Er spielte einfach gut, konzentriert und im Einklang mit sich selbst. Da auch ich eine begeisterte Tennisspielerin bin, verstehe ich ein wenig, was Ashe empfand.

Es ist noch nicht ganz so lange her, dass ich der Eisläuferin Michelle Kwan zusah, die eine olympische Silbermedaille gewann und zweimal den Weltmeistertitel errang. Bevor Michelle sich auf das Eis begibt, versucht sie einen leeren Raum zu finden, in dem sie still und mit geschlossenen Augen sitzen kann. Sie atmet und verbindet sich mit sich selbst. Ihre Auftritte sind jedes Mal atemberaubend. Dabei zeigt Michelle nicht nur eine herausragende Technik und beeindruckende athletische Fähigkeiten, sondern ihr ist dabei auch eine Anmut zu Eigen, die sich jeder Beschreibung entzieht. Es scheint, als wären ihr Körper und ihre Seele eins mit der Musik. Dieses Maß an Integration, an voll und ganz Gegenwärtig-Sein ist Meditation in Aktion.

Obwohl weder Buddha noch andere klassische Meditationslehrer jemals auf diesen Vorzug hinwiesen, kann die Meditation uns auch helfen, größere Erfolge im Beruf zu erzielen. Vor ein paar Jahren erschien in den *San Jose Mercury News* ein Artikel über einen Geschäftsmann im Silicon Valley. Vic Baldwin meditierte ungefähr zwei Stunden pro Woche mit seinen Angestellten. In dem Artikel wurde weiter ausgeführt, dass Baldwin fest daran glaubte, Meditation »verbessere die Produktivität seiner Firma bei der Suche nach technischen Lösungen. Seit in seinem Unternehmen meditiert wird, stiegen die Einnahmen stetig und leisteten die Angestellten bezahlte Überstunden. Die Mitarbeiter selbst sagten, dass sie positive Auswirkungen auf ihre Arbeit feststellen würden: Sie könnten sich besser auf ihre Aufgaben konzentrieren und machten sich weniger Gedanken über die Ergebnisse.«

Wir stehen Herausforderungen gegenüber, mit denen kein anderes Jahrhundert je konfrontiert wurde. Viele von uns führen ein Leben voller heftiger Konkurrenzkämpfe, das vor allem auf materielle Ziele ausgerichtet ist. Sport ist längst kein Spiel mehr, das der Erholung und Freude dient, sondern ein Riesengeschäft, ein Konkurrenzkampf mit Zusatzverträgen und Bonusklauseln. Die Technologie, die uns mit anderen Menschen auf der ganzen Welt verbindet, droht uns in einer Informationsflut zu ersticken. Die ökologischen und sozialen Herausforderungen sind erschreckend komplex und die Gefahr der globalen Zerstörung hängt drohend über uns. Uns ist sehr wohl bewusst, dass wir auf dem bisherigen Weg nicht weitermachen können.

Solange wir unser Augenmerk nicht auf das Ungleichgewicht zwischen den Forderungen der Außenwelt und unserem größtenteils ungenutzten inneren Potenzial der Intuition und Zufriedenheit richten, schlittern wir weiter auf die Katastrophe zu. Mit den Worten Albert Einsteins formuliert: »Die Probleme der Welt, die wir geschaffen haben, können wir nicht mit dem Denken lösen, das sie ursprünglich erschaffen hat.«

Allerdings haben wir auch einen Vorteil, der keinem anderen Jahrhundert vergönnt war. Die Weisheit der Jahrhunderte steht in jeder Buchhandlung für uns bereit. Zum ersten Mal in der Geschichte haben wir Zugang zu den altehrwürdigen spirituellen Traditionen dieser Welt. Darüber hinaus können wir auf mehr als ein Jahrhundert westlicher Psychologie zurückgreifen. Was wir benötigen, ist ein Weg, diese Weisheit umzusetzen, damit wir unsere inneren Talente und Fähigkeiten, unsere essenzielle innere Intelligenz, wieder entdecken.

Die Meditation kann uns hierbei helfen. »Es gibt nur eine Reise. Die in dich selbst«, schrieb der deutsche Dichter Rainer Maria Rilke. Es ist möglich, ohne weiteren Aufschub ein meditatives Leben zu führen.

Die Meditation ist ein radikaler Schritt, mit dem wir die Verantwortung für unser eigenes Glück übernehmen. Und wir benötigen sie dringender als je zuvor. Meditation kann uns die Sicherheit eines inneren Ankers schenken, einen Prüfstein für unsere geistige Gesundheit in einer zunehmend verrückten Welt. Sie kann die rauen Kanten unseres Alltagslebens glätten, lehren, uns selbst und andere stärker zu lieben, und helfen, die Abgeklärtheit und Freude zu erreichen, die wir uns wünschen.

Was ist Meditation?

Meditation ist kein Gedanke. Sie ist eine Erfahrung.
Osho

Vor vielen Jahren fuhr ich einmal eine sonnenbeschienene Straße in Sausalito entlang und dachte daran, dass ich mich zum Mittagessen mit einem alten Freund treffen würde. Auf einmal wurden meine Gedanken von einer Polizeisirene hinter mir unterbrochen. Nachdem ich auf dem Randstreifen gehalten hatte, klärte mich der Beamte darüber auf, dass er mir schon eine Weile folge und ich die Geschwindigkeitsbegrenzung überschritten hätte. Ich war entsetzt und versuchte mich verzweifelt zu rechtfertigen, aber er schrieb bereits den Strafzettel aus – meinen zweiten in nur drei Monaten. Da erwachte plötzlich etwas in mir.

Dass mir die Polizei folgte, hatte ich nicht bemerkt, weil ich viel zu beschäftigt mit dem Gedanken daran war, worüber ich mit meinem Freund reden würde. Wenn ich so weitermachte, würde ich bald den Führerschein verlieren. Der Strafzettel wirkte wie ein Sonnenstrahl, der den Nebel meines unbewussten Verhaltensmusters durchbrach. Als ich am nächsten Morgen meditierte, befragte ich meine innere Weisheit, warum ich diesen Strafzettel bekommen hatte. Die Antwort lautete, dass ich das Fahren selbst in eine Meditation umwandeln musste. Mit anderen Worten: Ich musste hinter dem Steuer gegenwärtig sein, entspannt und wachsam. Ich musste meinen Körper und das, was auf den Straßen und Wegen um mich herum vorging, bewusst wahrnehmen. Das veränderte meine Einstellung zum Autofahren von Grund auf. Vorher sah ich es immer als lästige Pflicht an, heute bereitet es mir wirklich Freude. Autofahren ist keine außerkörperliche Erfahrung mehr, sondern zu einer meiner täglichen Meditationen geworden. Ich breche immer sehr frühzeitig auf und habe gelernt, achtsam zu sein, das, was ich tue, ganz und gar zu tun. Das bedeutet im Klartext, ich fahre mein Auto. Es freut mich sehr, Ihnen mitteilen zu können, dass ich seither keinen einzigen Strafzettel mehr bekommen habe.

Ich erzähle Ihnen diese Geschichte, um zu verdeutlichen, *dass Meditation nicht außerhalb des Alltags stattfindet, sondern eine Art, ein Weg des Seins ist.* Sinn und Zweck der Meditation liegen nicht darin, dass wir uns vom Leben zurückziehen, sondern tiefer und vollständiger daran teilnehmen. Natürlich gibt es Meditationstechniken, die wir täglich eine Stunde, zehn oder fünf Minuten lang durchführen können. Allerdings sind sie lediglich das Mittel, um uns mit uns selbst und den Eigenschaften, die wir alle in uns tragen, zu verbinden: Entspanntheit, Humor, Mitgefühl, Achtsamkeit, Selbstachtung, klarer Verstand und unsere innere

Stille. Die Zeit, die wir uns nehmen, um die von uns gewählte Meditation durchzuführen, soll uns lediglich daran erinnern, dass wir mit diesen Eigenschaften fortschreitend stärker in Verbindung bleiben wollen. Und je enger diese Verbindung ist, desto mehr nimmt unser Leben eine meditative Qualität an. Wie bereits Shunryu Suzuki, der große Zen-Meister und Autor des Buches *Zen-Geist, Anfänger-Geist* schrieb: »Zen ist nichts Aufregendes, sondern Konzentration auf unsere Verrichtungen des täglichen Lebens ... Wenn eure Übung ruhig und alltäglich ist, ist das tägliche Leben selbst die Erleuchtung.«

Die disziplinierte Anwendung einer der vielen Meditationsmethoden, die entwickelt und über die Jahrhunderte weitergegeben wurden, ist eine Möglichkeit, Zugang zu diesen Eigenschaften zu erlangen. So wie ein Wissenschaftler Daten überprüft, so können wir mit diesen Methoden ohne jede Wertung überprüfen, was in uns vorgeht.

Seit Jahrhunderten befinden sich Menschen auf der Suche nach innerem Frieden und Harmonie auf einer Reise der Selbstbefragung. Viele von ihnen haben diese »Erleuchtung« erlangt: die Anwesenheit von Freude und Kreativität in ihrem Alltag, die Fähigkeit, die Realität der Dinge zu »sehen« und ihrem wahren Wesen gegenüber erwacht zu sein. Wie haben sie das geschafft? Sie entdeckten eine Methode, die funktionierte, und wendeten diese so lange an, bis sie ihnen brachte, was sie wollten. Der Sufi-Mystiker Jabbar zum Beispiel entwickelte die Gibberisch-Meditation, und viele seiner Schüler wurden erleuchtet, indem sie Gibberisch sangen. Hotei, der japanische Mystiker, der manchmal auch der Lachende Buddha genannt wird, wählte das Lachen und lehrte seine Schüler, sich ihren Weg zur Erleuchtung zu erlachen. Buddha wiederum schuf Vipassana, eine Technik, bei der man bewusst den Atem beobachtet.

Mit fortschreitender Übung werden Sie beginnen, sich selbst zu verstehen und Ihre Vorlieben kennen zu lernen. Um es mit den Worten von Robert Louis Stevenson zu sagen: »Zu wissen, was man mag, anstatt zu allem demütig Amen zu sagen, was die Welt einem vorschreibt, dass man es zu mögen habe, bedeutet, die Seele lebendig zu erhalten.«

Der Verstand hat gerne die Kontrolle über uns. Er versucht die Gegenwart und die Zukunft zu kontrollieren, indem er sich auf die althergebrachte Art, Dinge zu tun, verlässt. Im Gegensatz dazu befreit uns die Meditation von unserem Verstand. Sie befreit uns von den Fesseln unserer Konditionierung – eingefahrenen, eingleisigen Denkweisen. Die Meditation lässt uns erwachen und schenkt uns die Fähigkeit, den Verstand zu »beobachten« und uns neuer Möglichkeiten bewusst zu werden. Wir stoßen auf unsere persönlichen Vorlieben und finden unseren eigenen, einzigartigen Weg, die Dinge zu tun. Wenn wir unsere Achtsamkeit nach innen richten, öffnet die Meditation die Türen zu unserem Unterbewusstsein und ermöglicht es der in uns ruhenden Kreativität, ins Licht zu treten. Die meisten Dinge in unserem Leben erledigen wir über unseren Verstand. Wenn wir uns also nach innen wenden, so meinen wir, wir müssten dazu unseren Verstand bemühen. Die Meditation bietet uns allerdings die seltene Möglichkeit, diese Identifikation des Ich mit dem Verstand aufzuheben. Sie hilft uns, Anspruch auf unsere innere Weisheit zu erheben.

Wo immer Sie sich befinden, wann immer Sie daran denken, sagen Sie sich selbst: »Ich bin.« Weder Ihren Namen noch Ihren Beruf, Ihren Titel oder Ihre Herkunft, sondern einfach nur »Ich bin«. Die Hindus nennen dies die »Erkenntnis des Selbst«, Buddha bezeichnete es als »rechte Achtsamkeit«, Gurdjieff als »Selbst-Beobachtung« und Krishnamurti als »Achtsamkeit«. Sollten Sie das einmal vergessen, so verdammen Sie sich nicht dafür. Nehmen Sie einfach den Faden wieder auf, wann immer Sie sich daran erinnern. Mit der Zeit wird dieser Faden dicker und stetiger und Kontinuität stellt sich ein. Durch diese Erinnerung, diese Achtsamkeit beginnen Sie sich selbst zu finden, Ihr wahres Ich.

Natürlich müssen wir alle irgendwo anfangen. Wir werden nicht über Nacht zu Experten. Die Meditation ist ein fortlaufender Prozess. Meine tägliche Meditation beim Autofahren zum Beispiel lehrt mich ständig Neues. Ich erinnere mich an einen kühlen Herbsttag vor einem bewachten Parkhaus in San Francisco. Den Anweisungen entsprechend hatte ich mein Auto am Eingang abgestellt, allerdings die Autoschlüssel nicht stecken gelassen. Der Parkhauswächter konnte mein Auto nicht wegfahren und so stand es da und blockierte bis zu meiner Rückkehr die Einfahrt. Als ich schließlich zum Parkhaus zurückkam, wunderte ich mich für den Bruchteil einer Sekunde darüber, warum mein Auto immer noch in der Einfahrt stand. Dann ging mir ein Licht auf: Trotz eines riesigen Hinweisschildes und der Ermahnung des Parkhauswächters hatte ich die Autoschlüssel eingesteckt und mitgenommen. Ich war mit den Gedanken schon ganz woanders gewesen und hatte nicht aufgepasst. Als ich die Strafgebühr bezahlte, merkte ich, wie in mir Ärger hochstieg, weil ich »außen vor«, so abgetrennt vom gegenwärtigen Augenblick gewesen war. Ich ließ den Ärger vorüberziehen und ermahnte mich, Mitgefühl für mich selbst zu empfinden. Das half mir, die Strafe als Weckruf zu verstehen, und als mein Sinn für Humor sich wieder einstellte, wurde mir klar, dass ich zumindest Fortschritte erzielte! Falschparken ist nicht nur billiger als eine Geschwindigkeitsübertretung, es ist auch im Hinblick auf die Achtsamkeit eine mildere Verfehlung als Tagträumereien während der Autofahrt.

Die Meditation ist der Prozess, mit dem wir zu jedem Zeitpunkt voller Humor, Mitgefühl, Entspannung und Selbstachtung uns selbst gegenüber Achtsamkeit aufbringen. Sie ist ein Geschenk, das wir uns selbst machen können, um unseren Alltag zu erhellen und ihm eine kommunikativere Qualität zu verleihen. Meditation erklären zu wollen ist so, als versuche man Liebe zu erklären. Sobald Sie mit Ihren Übungen beginnen, werden Sie selbst den facettenreichen Diamanten namens Meditation für sich entdecken.

Teil zwei

Zeitgemäße Meditationen, um den Verstand zu klären und den Geist loszulassen – im Beruf, zu Hause und in der Freizeit

1 ☼ Es ist einfacher, als Sie denken: Entspannen Sie sich

Die Qualität des Tages zu beeinflussen ist die höchste Kunst.
Henry David Thoreau

Grundlage der Meditation ist die Entspannung: ein Gefühl der körperlichen, geistigen und seelischen Muße. Wir ruhen in uns selbst. Entspannung beginnt mit dem Körper. Wir können uns nicht entspannen, wenn der Körper noch unter den Anspannungen und dem Stress des Alltags leidet. Alle Meditationstechniken, die ich unterrichte, beginnen mit dem Körper. Wir begegnen unseren Körpern mit Achtsamkeit und begeben uns in einen Zustand entspannter Achtsamkeit. Sie werden feststellen, dass diese Techniken in keinster Weise geheimnisvoll sind. Es handelt sich um Aktivitäten, die wir bereits kennen, zum Beispiel Joggen, Tanzen, Summen, Lachen. Wenn wir uns in einen meditativen Zustand begeben, indem wir als Erstes die Anspannung in unserem Körper loslassen, dann wird es viel leichter, die innere Stille zu erreichen. Beginnen Sie immer mit dem Körper, denn dies ist der Ort, an dem Sie sich befinden. Es ist wichtig, dort anzufangen, wo Sie sich aufhalten, und nicht dort, wo Sie meinen, sein zu müssen.

Wenn wir als Kleinkinder laufen lernen, so sind wir bei jedem Schritt wahrhaftig im Augenblick, uns absolut bewusst, dass wir jetzt den rechten vor den linken Fuß setzen. Wir sind in unseren Körpern. Sobald wir den Dreh heraushaben und der

Körper das entsprechende Geschick erlangt hat, laufen wir automatisch. Der Körper weiß, wie er es anstellen muss, und wir befinden uns irgendwo ganz anders. Wir werden von unseren körperlichen Bewegungen abgetrennt. James Joyce schrieb dazu in den *Dubliners* über seine Figur Mr. Duffy: »Er lebt eine kurze Strecke von seinem Körper entfernt.«

Um positiv wirken zu können, muss die Meditation im Körper geerdet werden. Es gibt eine chassidische Geschichte über einen berühmten Rabbi, der einer kleinen russischen Stadt einen Besuch abstattete. Für die Juden jener Stadt war es ein großes Ereignis und alle dachten lange und angestrengt darüber nach, welche Fragen sie dem Rabbi stellen wollten. Als er endlich kam, waren alle im größten verfügbaren Raum versammelt und jeder war zutiefst beschäftigt mit der Frage, die er zu stellen beabsichtigte. Der Rabbi betrat den Raum und spürte sofort die starke Anspannung. Eine Zeit lang sagte er nichts, dann begann er leise eine chassidische Weise zu summen. Schließlich summten alle mit. Er stimmte ein Lied an und schon bald sangen alle mit. Dann fing er an zu tanzen und in kürzester Zeit waren alle Anwesenden in den Tanz eingebunden. Nach einer Weile ließen sich alle ganz und gar auf den Tanz ein, widmeten sich nur ihm, sie tanzten und sonst gar nichts. Auf diese Weise wurden sie eins mit sich selbst und heilten die Kluft, die sie vom Verstehen trennte. Schließlich verlangsamte der Rabbi den Tanz, bis sie zum Stillstand kamen. Er sah die Gruppe an und sagte: »Ich gehe davon aus, dass ich all Ihre Fragen beantwortet habe.«

Durch das vollkommene Aufgehen in körperlicher Bewegung werden wir langsam und stetig dazu gebracht, nur eine Sache zurzeit zu machen. All unsere Fragen verschwinden und nur die Freude an der Bewegung bleibt, wenn wir unsere Köpfe verlassen und unsere Körper betreten. Körperliche Aktivität ist eine effektive Methode, den Geist zu entspannen und eine Meditation zu beginnen. Wenn Ihr Körper die positive Wirkung nicht spürt, dann fühlen Ihr Herz, Ihr Geist und Ihre Seele sie ebenfalls nicht.

Die Techniken sollen Ihnen dabei behilflich sein, einen losgelösten Moment zu erreichen: einfach nur zu sein, nichts zu tun, sich in der Wahrhaftigkeit des Augenblicks zu entspannen.

Entspannung lässt sich nicht erzwingen. Sie ist eher ein Nichts-Tun, ein Zulassen, einfach nur Da-Sein. Sie ist ein Zustand des Loslassens. Damit Ihnen klarer wird, was ich meine, stellen Sie sich vor, Sie hielten einen Tennisball in der Hand. Jetzt versuchen Sie, ihn bewusst fallen zu lassen. Natürlich gelingt es Ihnen, denn alles, was Sie tun müssen, ist einfach nur, die Hand zu öffnen und loszulassen. Dasselbe gilt für die Entspannung in der Meditation. Sie öffnen sich einfach, lassen los und fallen in sich selbst hinein.

Die nachfolgenden Techniken werden Sie dabei unterstützen, sich zu öffnen und zum Beispiel Ihre Frustration, Anspannung und Ruhelosigkeit loszulassen. Wenn Sie versuchen, sich zu entspannen, entsteht eine unterschwellige Anspannung. Also werden wir uns in diesem Kapitel damit befassen, den Schwerpunkt vom Versuchen zum Loslassen zu verschieben.

Wenn Sie regelmäßig üben, sich zu entspannen, dann gewinnen Sie einen Überblick darüber, auf welche Weise Sie sich beschäftigt halten oder wie besessen Sie an manchen Aktivitäten festhalten. Je entspannter Sie sind, desto mehr gestatten Sie Ihren Einsichten und Ihrem Verständnis, an die Oberfläche zu steigen. Dieses Erwachen gegenüber dem, was Sie sind, ist das Herz der Meditation. Es mag einiger Übung bedürfen, aber sobald Sie damit beginnen, sich etwas Zeit für das Nichts-Tun zu gönnen, werden Sie viel über sich selbst erfahren.

Ein paar einfache Entspannungsübungen

Keine der im Folgenden beschriebenen kurzen Techniken nimmt mehr als ein paar Minuten in Anspruch. Es sind die besten Übungen, die ich kenne, um sich zu erden und Entspannung und Körperbewusstsein zu erlangen. Man braucht keine spezielle Ausrüstung oder besonderes Talent dazu. Ich schlage vor, dass Sie zunächst alle Techniken durchlesen und dann jene ausprobieren, die Sie am meisten anspricht. Sobald Sie die Technik gefunden haben, die Ihnen am meisten Vergnügen bereitet, können Sie sie in Ihren Tages- oder Wochenablauf einbauen. Lassen Sie sich nicht von ihrer augenscheinlichen Einfachheit täuschen – all diese Techniken haben die Macht, Ihren alltäglichen Stress und Anspannungen abzubauen. Sie bringen eine Grundströmung der Ruhe und des Friedens in Ihren Tag. Vielleicht wollen Sie noch einmal auf Seite 25 die Informationen über Sitzpositionen durchlesen. Eine weitere wundervolle Entspannungsübung mit Namen Nadabrahma finden Sie auf Seite 130. Sie können dazu auch meine Kassette *Guided Relaxation* ausprobieren (Bestellinformationen finden Sie auf Seite 220 f.).

Atmen Sie

Eine der einfachsten und wirkungsvollsten Übungen, die uns wahrhaftig in den Augenblick bringt, ist bewusstes Atmen - erinnern Sie sich einfach nur daran, zu Ihrem Atem zurückzukehren, ein- und auszuatmen, ein und aus, ganz regelmäßig. Wenn wir angespannt oder beunruhigt sind, wird unsere Atmung flach, manchmal hören wir sogar für kurze Zeit ganz auf zu atmen, ohne es zu merken. Die einfache Handlung des bewussten Atmens bringt uns von unserem Kopf in unseren Körper, in die Gegenwart. Es ist einer der schnellsten Wege, um Anspannungen aufzulösen und Körper und Geist zu entspannen.

Da steht uns nun dieses wunderbare und kraftvolle Instrument jederzeit zur Verfügung und dennoch fällt es den meisten von uns unendlich schwer, sich an seine regelmäßige Anwendung zu gewöhnen.

Wo immer es Ihnen auch einfällt, wo immer Sie auch sind, lenken Sie Ihre Achtsamkeit einfach auf Ihre Atmung. Einatmen, ausatmen. O ja, es ist tatsächlich so simpel. Versuchen Sie es selbst - in diesem Augenblick.

Entspannen Sie Ihre Atmung

Dies ist eine leichte Abwandlung der oben beschriebenen »Atem«-Technik. Sie wird im Sitzen durchgeführt.

Wann immer Sie für ein paar Minuten Zeit finden, sollten Sie sich hinsetzen und Ihren Atmungsapparat entspannen. Das lässt sich wundervoll durchführen, sobald Sie längere Zeit sitzen müssen: in Ihrem Auto, im Bus oder Zug, an Ihrem Schreibtisch. Bringen Sie einfach Achtsamkeit in Ihre Atmung. Niemand wird merken, was Sie da machen. Belassen Sie Ihre Atmung so natürlich wie möglich. Dann, sofern es möglich ist, schließen Sie die Augen und beobachten Ihren Atem, wie Sie ihn in sich aufnehmen, hinauslassen, aufnehmen.

Sie dürfen sich dabei nicht konzentrieren. Konzentration hat eine unterschwellige Anspannung des Körpers zur Folge und damit wird auch das leiseste Geräusch zur Störung. (Viele Menschen setzen Meditation mit Konzentration gleich. Aber es geht hier nicht um Konzentration, sondern um Achtsamkeit.) Entspannen Sie sich einfach und beobachten Sie Ihren Atem. Nichts wird aus dieser Beobachtung ausgeschlossen. Menschen unterhalten sich, Telefone klingeln, Türen werden geöffnet und geschlossen, der Straßenverkehr rauscht vorbei. Das ist in Ordnung, denn das alles ist ein Teil des Lebens. Lehnen Sie es nicht ab, akzeptieren Sie es. Diese Technik schenkt Ihnen eine Licht-Pause tiefster Entspannung.

Stehen Sie fest auf der Erde

Sich mit der Erde zu verbinden ist ein weiterer, wundervoller Weg, um die Wahrhaftigkeit des Augenblicks zu finden. Stehen Sie barfuß auf der Erde und spüren Sie ihre Nachgiebigkeit, die Kühle, die Wärme unter Ihren Füßen, wann immer sich Ihnen die Möglichkeit bietet. Wir verbringen so viel Zeit in unseren Köpfen, dass wir sehr leicht die Erdung verlieren. Werden Sie sich Ihrer Füße und Ihrer Verbindung mit der Erde bewusst. Was immer die Erde in diesem Augenblick bereit ist zu geben – fühlen Sie es und lassen Sie es durch sich hindurchströmen. Lassen Sie Ihre Energie in die Erde fließen. Spüren Sie die Verbindung. Spüren Sie die Lebenskraft.

Natürlich gelingt dies am besten ohne Schuhe. Aber wenn es nicht möglich ist, die Schuhe abzustreifen, dann können Sie es selbstverständlich auch mit Schuhen machen. Versuchen Sie direkt auf dem Erdboden zu stehen. Sollte das nicht möglich sein, so kommen Sie dem Erdboden so nahe, wie Sie können. Befinden Sie sich in einem Büro oder leben Sie in einer Etagenwohnung, so spüren Sie einfach, wie Sie mit den Füßen auf dem Fußboden stehen. Der springende Punkt ist, dass Sie Ihre Aufmerksamkeit auf Ihre Füße und das Gefühl des Geerdet-Seins lenken.

Diese Technik kann ein tiefes Gefühl der Ruhe und des Friedens vermitteln. Es ist erstaunlich, wie sehr die bloße Berührung der Erde uns wieder zentriert. Es bedarf nur einiger weniger Minuten, um diese erdende Verbindung zu schaffen. Die positive Wirkung aber beflügelt Sie den ganzen Tag.

Schauen Sie in den Himmel hinauf

Kennen Sie den Satz »Der Himmel ist unendlich weit«? Denken Sie einen Augenblick lang über die Gefühle nach, die in Ihnen aufsteigen, wenn Sie diesen Satz hören. Genau wie der Himmel selbst fühlt er sich weit an, voller Möglichkeiten, positiver Ausstrahlung und Enthusiasmus – so grenzenlos, als erwarte Sie eine unermessliche Güte.

Sobald Sich Ihnen die nächste Gelegenheit bietet, legen Sie sich auf den Boden und blicken in den Himmel hinauf. Meditieren Sie darüber. Erfreuen Sie sich an seiner Weite, seiner Schönheit, seiner Beständigkeit. Machen Sie sich bewusst, wie unendlich er ist, wie mitfühlend.

Versuchen Sie mit geschlossenen Augen in den Himmel zu »sehen«. Spüren Sie Ihren inneren Himmel, Ihre eigene Ausdehnung,

Weite, Schönheit und Stille. Wenn Sie den Wunsch verspüren, zu beten, so beten Sie. Wenn Sie meditieren möchten, so meditieren Sie über den Himmel.

Üben Sie diese Technik so lange aus, wie Sie wollen - zehn, 15, 30 Minuten - und so oft es Ihnen in den Sinn kommt. Es wird Sie beruhigen, Sie in Kontakt mit Ihrem innersten Selbst bringen und Sie daran erinnern, dass des Lebens reiche Fülle Sie erwartet.

Setzen Sie sich unter einen Baum

Wenn Sie sich erden möchten, so wirkt nichts besser, als mit geschlossenen Augen unter einem Baum zu sitzen. Versuchen Sie es. Spüren Sie die Brise, die durch den Baum streicht, mit Blättern und Zweigen raschelt. Der Wind berührt Sie, umspielt Sie, bläst durch Sie hindurch. Stellen Sie sich vor, auch Sie wären ein Baum, offen, und der Wind streicht durch Sie hindurch - nicht an Ihrer Seite entlang, sondern direkt durch Sie hindurch.

Etwas so Einfaches wie diese schnelle 5- oder 10-Minuten-Technik kann Ihnen helfen, stärker in sich selbst verwurzelt, geerdeter und gleichzeitig offener, empfänglicher und entspannter zu sein.

Die 10-Minuten-Sitzung

Meditation setzt den Sauerstoffverbrauch,
den Blutdruck sowie die Herzschlag- und Atemfrequenz
herab. Gleichzeitig erhöht sie die Intensität der
Alpha-, Theta- und Deltawellen im Gehirn - Meditation
bewirkt also das Gegenteil jener physiologischen
Veränderungen, mit denen wir auf Stress reagieren.
Herbert Benson, M. D.
Harvard Medical School

Diese zehnminütige Sitzung ist eine einfache Atemmethode, um die überhöhte Produktion der Nebennieren zu reduzieren und auf diese Weise den Blutdruck zu senken, Erschöpfungszustände zu beheben und den Energievorrat des Körpers neu aufzufüllen.

Sitzen Sie bequem auf einem Stuhl oder auf dem Boden. Vergewissern Sie sich, dass Ihre Kleidung Sie nicht beengt, damit Ihr Körper sich entspannen kann. Halten Sie den Rücken relativ gerade. Schließen Sie die Augen. Richten Sie Ihre Achtsamkeit auf das Innere Ihres Körpers und beginnen Sie, Ihre Atmung zu beobachten - das Einatmen und die kurze Pause auf dem Höhepunkt des Zyklus, dann das Ausatmen und die Pause am Ende des Zyklus. Es gibt keine richtige oder falsche Art zu atmen. Sie müssen Ihre Atmung also nicht verändern, sondern sollen Sie lediglich beobachten.

Machen Sie fünf, 15 oder sogar 30 Minuten so weiter. Überprüfen Sie anschließend, ob Ihr Körper sich anders anfühlt. Im Allgemeinen können Sie tatsächlich nach fünf oder zehn Minuten spüren, dass sich der Adrenalinspiegel gesenkt hat.

Diese Methode können Sie jederzeit anwenden, wann immer Sie das Bedürfnis empfinden, sich zu beleben.

Fitnessmeditationen

Die folgenden Techniken bauen auf unserem persönlichen Fitnessprogramm auf. Damit Ihre Fitnessübungen sich in eine Meditation verwandeln, müssen Sie lediglich Ihre Achtsamkeit ändern. Viele Menschen hegen immer noch die Vorstellung, Meditation müsse schweigend und in absoluter Ruhe durchgeführt werden, Aktivitäten und Meditation passten nicht zusammen. Ich möchte ein für alle Mal mit diesen Ansichten aufräumen. Jede Aktivität kann Meditation sein, wenn sie mit Achtsamkeit ausgeführt wird.

In Wahrheit ist es so, dass Bewegung den Zugang zur Achtsamkeit *erleichtert*. Denken Sie einmal darüber nach: Wenn Sie in Bewegung sind, fällt es Ihnen viel leichter, wachsam zu bleiben, als wenn Sie sitzen oder liegen. Die große Herausforderung liegt darin, nicht in den Autopilot überzugehen, nicht mechanisch zu agieren. Sie mögen ein außergewöhnlicher Läufer sein, aber wenn Ihr Können nur auf der Technik basiert, dann haben Sie Sinn und Zweck der Übung verfehlt.

Wenn Sie Langstreckenlauf betreiben, dann laufen Sie mit Achtsamkeit. Wenn Sie im Fitnesscenter trainieren, dann tun Sie es mit Achtsamkeit. Wenn Sie joggen, dann versuchen Sie, mit Achtsamkeit zu joggen. Oder falls Sie das Gefühl haben, Ihr Fitnesstraining sei nur noch Routine, dann versuchen Sie etwas anderes. Wann immer wir etwas Neues lernen oder es noch nicht perfekt beherrschen, müssen wir dem Vorgang größeres Augenmerk widmen – wir müssen achtsamer sein. Probieren Sie eine Bewegung aus, die Achtsamkeit in Ihnen weckt. Tanzen, zum Beispiel. *Sinn und Zweck ist es, nicht zu vergessen, dass die Bewegung nur eine Situation ist, mit Hilfe derer Sie Achtsamkeit erzeugen.* Sobald sie nicht länger für Achtsamkeit sorgt, hat sie ihren Nutzen für Sie verloren. Wechseln Sie zu einer Aktivität, für die Sie wieder voll bei der Sache sein müssen.

Langstreckenlauf

Die Menschen laufen bereits seit Tausenden von Jahren, seit wir Jäger waren, lange Strecken. Und wenn wir zu laufen beginnen, dann verbindet sich unser Körper und Geist mit jenem uralten Teil unseres Bewusstseins. Laufen ist ein besonders wirkungsvolles Instrument für Meditierende, denn es schafft die Möglichkeit, sehr tief in sich selbst zu gehen.

Wenn Sie mit dem Langstreckenlauf erst anfangen, dann empfehle ich Ihnen, am Morgen zu laufen, wenn die Luft frisch ist und der Tag gerade zum Leben erwacht. Natürlich sollten Sie zuvor eventuelle Gesundheitsrisiken abwägen und Ihren Hausarzt befragen, ob Sie laufen sollten oder nicht. Außerdem ist es sehr wichtig, dass Sie gute Laufschuhe tragen.

Beginnen Sie mit einem Kilometer, dann zwei und bauen Sie Ihr Lauftraining nach und nach auf mindestens fünf Kilometer aus. Laufen Sie mit Ihrem gesamten Körper, einschließlich Ihren Händen. Atmen Sie tief aus dem Bauch ein und aus.

Wenn Sie schnell laufen, tief atmen, einatmen, ausatmen, dann löst sich die Trennung zwischen Geist und Körper nach einer Weile auf. Sie werden eins: eine Einheit. Wenn Sie laufen und die Atmung Sie in Bann hält, dann verschwinden Ihre Sorgen plötzlich. Sie können sich nicht völlig auf das Laufen einlassen und sich gleichzeitig Sorgen machen.

Joggen

Joggen folgt denselben Parametern wie Laufen. Sie sollen tief atmen und sich bewusst bleiben, dass »ich jetzt jogge«. Auch hier empfehle ich, dass Sie am frühen Morgen joggen. (Joggen kann aber auch helfen, sich am Ende des Tages von allen Anspannungen zu lösen.) Erfreuen Sie sich an der Frische des Tages, die durch Ihre tiefen Atemzüge Ihre Lungen füllt. Wenn Ihre Gedanken abschweifen, dann wenden Sie sich wieder Ihrer Atmung zu und lassen sich in Ihrem Körper nieder. Ihr Körper beginnt zu schwitzen und Sie fühlen, wie Sie eins mit Ihrem Körper werden, Ihr Verstand verschwindet. Dies ist die Gelegenheit für Ihren Körper, zumindest zeitweise die Kontrolle über den Verstand zu übernehmen.

Training im Fitnesscenter

Falls Sie lieber ins Fitnesscenter gehen, dann empfehle ich Ihnen, einen festgelegten Ablauf zu entwickeln. Ohne eine Routine geschieht es nur zu leicht, dass wir uns treiben lassen – fünf Minuten an dieser Maschine, fünf Minuten an jener –, ohne wirklich tief in uns zu sinken. Ein festgelegter Ablauf erschwert es uns außerdem, Ausreden zu erfinden (Sie haben viel zu viel zu tun, Sie hätten lieber einen Kaffee,

Sie haben noch einen Termin). Die einzelnen Punkte des Ablaufs sind dabei nicht so ausschlaggebend wie die Tatsache, dass Sie einem festen Rhythmus folgen.

Durch Fitnessübungen haben Sie die Gelegenheit, sich mit sich selbst zu beschäftigen. Schließen Sie die Augen, werden Sie sich Ihrer Atmung bewusst, bewohnen Sie Ihren Körper, erreichen Sie die Wahrhaftigkeit des Augenblicks. Vielleicht sind zu Beginn flachere Atemzüge notwendig, gefolgt von tieferen. Seien Sie sich selbst gegenüber achtsam. Ihre Atemzüge bringen Sie vom Kopf hinunter in den Körper. Wenn Sie irgendwelcher Gefühle gewahr werden, wie zum Beispiel Ärger oder Traurigkeit, dann lassen Sie Ihren Körper seinen Ausdruck dafür finden und lassen Sie sie los. Ermöglichen Sie Ihrem Verstand eine Ruhepause und überlassen Sie dem Körper das Sagen.

Achten Sie darauf, ob Sie auf Autopilot gehen, ob Ihr Körper sich auf dem Laufband bewegt, während Ihre Gedanken zurück ins Büro geeilt sind. Ermahnen Sie sich sanft, in Ihren Körper zurückzukehren. Wenn es Ihnen dabei hilft, dann richten Sie Ihre Aufmerksamkeit ganz und gar auf die Atmung. Vergessen Sie nicht, Objektivität und Mitgefühl sich selbst gegenüber zu üben. Langsam, ganz langsam werden Ihre Übungen so zur Meditation.

Nutzen Sie Bewegung und sportliche Betätigung, um mit den tiefer sitzenden Aspekten Ihrer selbst in Kontakt zu treten, und Sie werden den Zustand der Meditation leichter und vollständiger erreichen.

Bewegungsmeditationen

Wir kommen nun zu einigen meiner Lieblingstechniken, den Bewegungsmeditationen. Genau wie Langstreckenlauf, Joggen und Fitnessübungen sollten diese Techniken mit der vorgefassten Meinung aufräumen, dass Meditation bedeutet, schweigend im Lotussitz zu verharren.

Alle Meditationen beginnen mit dem Körper oder seinen Bewegungen. Bewegung ermöglicht das reinigende oder körperliche Loslassen der Anspannungen von Körper und Geist. Es ist eine wundervolle Möglichkeit, den Übergang zum Sitzen oder Liegen in reglosem Verharren und Schweigen zu schaffen.

Die folgenden fünf Meditationen wurden ursprünglich von meinem Lehrer Osho entwickelt, um Verspannungen abzubauen, bevor man sich tiefer in die Meditation versenkt. Sie alle nutzen die Bewegung, allerdings nicht auf die Weise, wie man sie im Fitnesscenter einsetzt. Die Tanz- und Schüttel-Meditation sind großartig dazu geeignet, körperlichen Stress und Verspannungen zu lösen. Mit Hilfe der Gibberisch- und der Dynamik-Meditation kann man aufgestaute Emotionen und mentalen Stress, einschließlich Ärger und Frustrationen, loslassen. Da die Wurzeln der Schlaflosigkeit in der Unfähigkeit liegen, sich zu entspannen und den Verstand abzustellen, habe ich hier außerdem die Schlaflosigkeits-Meditation mit aufgenommen, die auf der Gibberisch-Technik aufbaut.

Ich schlage vor, dass Sie die Bewegungsmeditationen nacheinander ausprobieren. Testen Sie eine Technik mindestens eine Woche lang, bevor Sie mit der nächsten beginnen. Danach können Sie anfangen, mit den Übungen, die Ihnen am meisten zusagen, Ihre eigene Routine zu entwickeln.

Tanzen

Haben Sie schon einmal, wenn Sie alleine waren, Ihre Lieblingstanzmusik aufgelegt und sich einfach gehen lassen? Sollten Sie das noch nie versucht haben, kann ich Ihnen nur versichern, dass es eine wundervolle Art ist, Anspannung loszulassen oder zu sich selbst zurückzufinden. Mit ein paar einfachen Ergänzungen kann diese vergnügliche Erfahrung zur Meditation werden.

Die Sufis haben eine Meditationstradition, in der durch Tanzen das Leben gefeiert wird. Die folgende Tanz-Meditation, die von Osho stammt, wird »Osho Nataraj« genannt. Bestellinformationen zur CD

Osho Nataraj, die für diese Meditation geschaffen wurde, finden Sie auf Seite 220 f. Wenn Sie die CD nicht kaufen möchten, können Sie die Meditation auch mit einer anderen Sie inspirierenden oder in feierliche Stimmung versetzenden Musik durchführen. Allerdings sollten Sie bei dieser einmal getroffenen Wahl auch in Zukunft bleiben. Schon Osho wies darauf hin, dass es am Wichtigsten ist, diese Meditation stets mit derselben Musik durchzuführen. So können Sie besser beobachten, auf welche Weise sich Ihre Meditationserfahrung jedes Mal verändert.

Sie können diese Meditation, die ungefähr 65 Minuten dauert, zu jeder Tageszeit durchführen. Versuchen Sie es mit dieser Übung, wenn es Ihnen schwer fällt, beim Meditieren Ihre Stille zu finden. In die Meditation hineinzutanzen ist ein ausgezeichneter Weg, um Ihre Energie nach innen zu richten.

Phase eins: Tanzen (40 Minuten)

Räumen Sie eine Fläche frei, auf der Sie mit geschlossenen Augen sicher tanzen können. Legen Sie die Nataraj- oder eine CD Ihrer Wahl ein. Schließen Sie die Augen oder verbinden Sie sie mit einem Tuch und tanzen Sie 40 Minuten lang. Lassen Sie jedes Gefühl der Kontrolle los und gehen Sie ganz im Tanz auf. Lassen Sie Ihren Körper auf die Musik reagieren, wie er möchte. Das können wilde, aber auch langsame und sanfte Bewegungen sein. Feiern Sie sich selbst. Werden Sie wieder ein Kind, das die Bewegung um ihrer selbst willen liebt. Niemand sieht Sie. Bei dieser Erfahrung geht es nicht darum, dass Sie etwas vorführen oder gut aussehen - beides verursacht unterschwellig Anspannungen. Steigen Gefühle auf, so drücken Sie sie durch den Tanz aus. Sie haben die vollkommene Freiheit, jede Bewegung zu machen, die Sie und Ihr Körper wollen.

Lassen Sie das Gefühl, dass Sie sich selbst beim Tanzen beobachten, von selbst verschwinden. Sie und die Bewegung und die Musik sind eins. Tanzen ist nicht länger etwas, das Sie tun, sondern etwas, das geschieht.

Während Sie weitertanzen, vergessen Sie vielleicht, dass Sie tanzen und es stellt sich das Gefühl ein, dass Sie der Tanz sind. Im Gegensatz zu jenen Momenten, in denen Sie sich der Trennung zwischen Ihrer Person und dem Tanzen, Ihrer Person und der Musik bewusst sind, wird der Tanz zur Meditation, wenn diese Trennung sich auflöst, wenn Sie ganz und gar darin aufgehen, völlig mit dem Tanz verschmelzen. Sie müssen überhaupt nichts tun, um diese Veränderung zu erzwingen, folgen Sie einfach nur den Bewegungen und der Musik und lassen Sie es geschehen.

Phase zwei: Reglosigkeit (20 Minuten)
Die nächste Stufe dieser Meditation ist Stille. Stellen Sie die Musik aus und strecken Sie sich 20 Minuten lang auf dem Boden aus. Auf der *Osho-Nataraj*-CD sind diese 20 Minuten Stille mit eingebaut. Wenn Sie die CD nicht haben, dann stellen Sie einen Wecker entsprechend ein, schließen die Augen und liegen vollkommen schweigend und reglos da.

Phase drei: Aufstehen und Weitertanzen (5 Minuten)
Zum Abschluss der Meditation stellen Sie die Musik wieder an und tanzen nochmals fünf Minuten. Erfreuen Sie sich an Ihrem Körper und dem Gefühl absoluter Freiheit, das Ihnen der Tanz schenkt.

Durch die Tanz-Meditation wird eine ungeheure Last an Anspannung gelöst und können kreative Einsichten aufsteigen. Warum dies geschieht, ist kein großes Geheimnis. Anspannung ist nichts anderes als gefangene Energie. Die wilden und freien Bewegungen des Tanzes sind ein großartiges Mittel, um diese Energie freizusetzen und in Wallung zu bringen. Sich in Ihrem Körper frei zu fühlen, ermöglicht es Ihrem Verstand, sich auszudehnen, Ihrem Herzen, sich zu öffnen und Ihrem Geist, zu fliegen. Wenn Sie direkt nach dem Tanz still daliegen, dann wird der größte sich bewegende Teil - Ihr Körper - angehalten. Die Energie, die Sie freigesetzt haben, begibt sich auf die Reise nach innen, zu den verborgeneren Schichten Ihres Wesens. Durch diese Technik kann die Dynamik des Tanzes bis zu Ihren Wurzeln vordringen, zum wahren Kern Ihres Wesens. Dabei werden oftmals außerordentliche Gefühle der Freude und einer positiven Einstellung frei. Ich empfehle Ihnen, dass Sie diese Übung jedes Mal anwenden, wenn Sie dieses Ventil benötigen.

Schütteln

Auch bei dieser Technik beginnen wir mit dem Körper, indem wir uns schütteln. »Schütteln ist so aktiv, so gewollt - wie kann es da eine Meditation sein?«, fragen meine Schüler mich manchmal. Tatsächlich ist Schütteln ein Prozess des Aufwärmens. Es geht darum, sich zu entspannen und alle Anspannung aus dem Körper und dem Verstand zu schütteln, die sich im Laufe des Tages aufgestaut haben. Dabei ist es wichtig, das Schütteln nicht zu erzwingen oder es wird nur eine sportliche Übung - zwar schüttelt sich der Körper, aber Sie selbst liegen darin unbeweglich wie ein Fels. Lassen Sie es einfach geschehen, so als ob niemand es *tut*.

Wenn das Schütteln die Kontrolle übernimmt, dann dringt es bis zum innersten Kern Ihres Wesens vor. Die Vibrationen erreichen Ihre ureigenste Mitte. Ihr gesamter Körper wird ein wilder Wirbelsturm aus Energie, ein Zyklon. Dieser Zustand hält auch in der zweiten Phase an. Durch die Energie des Zyklons können Sie dann Ihre Mitte erreichen.

Das ist die Vorbereitung auf die dritte und vierte Phase, in denen Sie still und reglos sind, offen, um den Gast der Meditation zu empfangen.

Sie wissen, wie Musiker die Zeit vor dem Konzert verbringen? Wie sie ihre Instrumente stimmen, die Saiten ihrer Gitarren oder den Klang der Trommeln prüfen, bevor sie zu spielen beginnen? Schütteln ist damit vergleichbar. Es ist eine Vorbereitung, ein »Sich-Einstimmen« auf sich selbst. Wenn wir uns hinsetzen, dann hat sich die Anspannung aufgelöst und der Kosmos der Meditation senkt sich über uns.

Diese Schüttel-Meditation, die Osho entwickelte und »Osho Kundalini« nannte, wird in vier Phasen von je 15 Minuten durchgeführt.

Also sollten Sie sich eine Stunde Zeit dafür nehmen. Es ist eine meiner Lieblingsübungen, um geistigen, körperlichen oder emotionalen Stress am Ende eines Arbeitstages abzubauen. Das gilt besonders, wenn man den lieben langen Tag damit verbracht hat, auf den Computermonitor zu starren. Sie können hierfür die CD *Osho Kundalini* verwenden (Bestellinformationen auf Seite 220 f.) oder die einzelnen Phasen mit einem Wecker festlegen. Allerdings kann ich hier keine andere Musik als Ersatz empfehlen.

Phase eins: Schütteln Sie sich (15 Minuten)
Stellen Sie sich in bequemer Haltung mit offenen oder geschlossenen Augen hin und bringen Sie Ihren ganzen Körper zum Schütteln. Spüren Sie, wie die Energie von den Füßen her hochsteigt. Lassen Sie los und werden Sie selbst zum Schütteln.

Phase zwei: Tanzen (15 Minuten)
Lassen Sie Ihrem Körper völlige Freiheit in seinen Bewegungen. Tanzen Sie.

Phase drei: Werden Sie ganz still (15 Minuten)
Bleiben Sie stehen oder setzen Sie sich, schließen Sie die Augen und werden Sie ganz still. Beobachten Sie, was in Ihnen und außen um Sie herum geschieht. Entspannen Sie sich ganz tief in sich selbst. Seien Sie sich Ihres Atems bewusst, beobachten Sie Gedanken, mögliche Gefühle oder Empfindungen voller Gleichmut. Klammern Sie nicht und wehren Sie auch nichts ab. Akzeptieren Sie einfach das, was ist. Lassen Sie das Schweigen der Meditation über sich sinken.

Phase vier: Legen Sie sich hin und seien Sie ganz still (15 Minuten)
Legen Sie sich jetzt hin, ohne die Augen zu öffnen. Liegen Sie weitere 15 Minuten vollkommen still da.

Wenn ich diese Meditation durchführe, dann hilft mir in der ersten Phase die Vorstellung, ich sei eine Stoffpuppe, die jede Anspannung aus ihrem Körper und Geist schüttelt. Dabei achte ich besonders darauf, nach einem geistig anstrengenden Tag den Kopf ordentlich durchzuschütteln. Ich stelle meine Füße fest auf den Boden, sodass ich in mir selbst wurzele und nicht vornüberkippe. Ich finde, dass ich mit dieser Haltung beim Schütteln eine größere Flexibilität in der Bewegung spüre. Es empfiehlt sich, die Knie dabei leicht gebeugt zu halten. Vergessen Sie nicht Beine, Hüften, Oberkörper, Schultern, Arme, Hände und Kopf zu schütteln. Das ist ein außergewöhnlich sanftes und dennoch kraftvolles Mittel, Stress abzubauen und den Körper aus jedweder Art von Zwangsjacke zu befreien, die er den Tag über erdulden musste, ob dies nun beim Autofahren oder vor dem Computer war.

Das Gefühl der Freiheit bleibt auch in der zweiten Phase bestehen. Sie können den Tanz dazu nutzen, den gesamten emotionalen Stress wie Frustration, Ärger, Traurigkeit und Enttäuschung abzubauen und auszudrücken. Genauso können Sie Ihrer Verspieltheit, Glücksgefühlen und der Freude Ausdruck verleihen, die Sie im Laufe jenes Tages empfanden. Es ist überraschend erfrischend, mit sich selbst wortlos in Verbindung zu treten und den verborgeneren oder unterdrückten Aspekten des Selbst mehr Raum zu geben, sie ans Licht zu lassen. Das Schütteln ist eine wundervolle Möglichkeit, sich selbst kennen zu lernen, Klarheit und Einsicht zu gewinnen in alles, was in Ihrem Leben gerade vorgeht.

Einfach nur dazustehen oder auch zu sitzen nach all diesem körperlichen Austoben und Stressabbau ist nicht nur entspannend, sondern auch eine Gelegenheit, zu beobachten, was so alles in unserem Leben geschieht, voller Mitgefühl und Gleichmut.

Wenn wir uns schließlich reglos und schweigend und getragen vom Fußboden unter uns hinlegen, dann können wir in eine tiefe Entspannungsphase sinken. Durch diese Entspannungstiefe kann die Energie, die wir in den ersten zwei Phasen freisetzten, unsere Meditation in die tiefsten Winkel unseres Wesens tragen.

Wenn Ihnen diese Übung gefällt, dann versuchen Sie doch, sie jeden Tag durchzuführen. Zumindest so oft, wie es Ihnen möglich ist.

Am besten geeignet ist hierfür der Abend, wenn Sie von der Arbeit nach Hause kommen. Die Übung ist ein wundervolles Mittel, die Anspannung des Tages im wahrsten Sinn des Wortes abzuschütteln. Sie fühlen sich erfrischt und genießen den Abend. Außerdem können Sie durch diese Übung Einsichten und Klarheit bezüglich Ihres Arbeitstages gewinnen.

Gibberisch (oder Kauderwelsch)

Vor Hunderten von Jahren wurde Gibberisch zum ersten Mal von einem Sufi-Mystiker namens Jabbar verwendet. Tatsächlich ist das Wort Gibberisch von seinem Namen abgeleitet. Es wird erzählt, dass Ratsuchende mit den unterschiedlichsten Fragen über die Erleuchtung zu Jabbar kamen und er ihnen immer nur mit Unsinnsworten antwortete. Zuerst dachten die Leute, er wäre verrückt und ihm würde bald niemand mehr zuhören. Doch stattdessen kamen die Menschen zu Hunderten und am Ende hatte er mehr Schüler als jeder andere Mystiker seiner Zeit.

Was wirklich geschah, war einfach großartig. Wenn man Jabbar zuhörte, hatte der Verstand nichts zu tun. Man konnte ihm weder beipflichten noch widersprechen, denn er redete einfach nur Unsinn. Er gab einen unablässigen Strom von Lauten und Worten ohne Punkt und Komma oder eine grammatische Struktur von sich.

Jabbar hatte dabei großes Vergnügen und lachte, als würde er Witze erzählen, und dann begann er von vorne. Nach und nach wurde seiner ständig wachsenden Zahl von Schülern klar, dass ihr Verstand immer stiller wurde, wenn sie einfach nur neben Jabbar saßen und seinem Kauderwelsch lauschten. Nichts anderes war seine Absicht. Er wollte sie in einen Zustand der Meditation versetzen, wollte eine Verbindung herstellen zwischen ihnen und ihrer inneren Stille. Dieser große Mystiker antwortete ihnen, indem er sie tief in ihr Innerstes führte, jenseits des Verstandes, der ihre eigenen Antworten hütete.

Der Verstand denkt in Worten. Gibberisch hilft dabei, diesen Drang, alles ständig in Worte fassen zu müssen, zu durchbrechen. Sie können Ihre eigenen Gedanken hinauswerfen, ohne sie zu unterdrücken, wenn Sie die Kauderwelsch-Meditation anwenden. Sie ist ein wundervolles Mittel, um körperlichen, geistigen und emotionalen Stress abzubauen.

Die Technik, die Sie in diesem Buch kennen lernen, beruht auf einer Version, die ich von meinem Lehrer Osho lernte. Sie können sie jederzeit durchführen. Am Anfang versuchen Sie es vielleicht mit fünf Minuten Gibberisch, gefolgt von fünf Minuten der Stille. Bauen Sie diese zu 15, 20, 30 oder sogar 60 Minuten Gibberisch aus, denen eine ebenso lange Zeit der Stille im Sitzen folgt. Wenn Sie möchten, können Sie hierfür meine Kassette *Gibberish Meditation* verwenden (Schlagen Sie Seite 220 f. für weitere Informationen auf). Ich empfehle Ihnen, vor dieser Meditation nur eine leichte Mahlzeit zu sich zu nehmen. Sie werden sehr viel Anspannung aus Ihrem Körper und Ihrem Verstand herauslassen und ein voller Magen könnte Ihnen dabei Übelkeit verursachen.

Suchen Sie sich einen Ort, an dem Sie sich nicht Ihrer selbst bewusst sind. Außerdem ist es ratsam, die Augen mit einer Binde zu bedecken. Manchmal, bei den stärkeren Reinigungstechniken, kann es passieren, dass sich die Augen ungewollt öffnen. Die Binde verhindert dann, dass Sie von äußeren Vorgängen abgelenkt werden.

Phase eins: Gibberisch

Schließen Sie die Augen und fangen Sie an, Gibberisch, unsinnige Laute von sich zu geben. Machen Sie sich keine Gedanken darüber, wie sich das anhört, gebärden Sie sich einfach völlig verrückt. Formen Sie Laute ganz nach Ihrer Laune, aber sprechen Sie keine andere Sprache und benutzen Sie auch keine Ihnen bekannten Worte. Gestatten Sie es sich, alles auszudrücken, was des Ausdrucks in Ihnen bedarf. Werden Sie auf bewusste Weise verrückt.

Tun Sie dies auf eine Weise, die Sie mögen. Singen, schreien, brüllen, kreischen, murmeln und reden Sie. Lassen Sie auch Ihrem Körper seine Freiheit. Gestatten Sie ihm, sich auf jede erdenkliche Weise auszudrücken, besonders wenn Sie den ganzen Tag in einem Büro eingesperrt sind. Es kann Sie das Bedürfnis überkommen, zu stampfen, zu trampeln, auf und nieder oder hin und her zu hüpfen, sich hinzulegen, zu rennen oder im Kreis zu laufen. Tun Sie, was immer Ihnen in den Sinn kommt, solange Sie niemandem damit schaden. Lassen Sie nicht nach. Sie sollten ständig in Bewegung sein und unablässig reden. Sie wollen keine unausgefüllten Räume. Wenn keine Laute mehr kommen, dann sagen Sie »Blah-blah-blah«, aber vermeiden Sie Stille.

Wenn Sie diese Meditation gemeinsam mit anderen durchführen, dann bemühen Sie sich, sich nicht vom Tun der anderen ablenken zu lassen. Mischen Sie sich auch auf keine Weise ein. Bleiben Sie einfach bei dem, was mit Ihnen geschieht.

Phase zwei: die Beobachtung

Stellen Sie den Wecker auf die gewählte Zeit ein. Sobald er klingelt, halten Sie inne und bleiben für einen Moment in der augenblicklichen Haltung. Lauschen Sie nach all dem Krach und Gebrabbel der Stille. Dann suchen Sie sich einen bequemen Ort zum Sitzen, egal ob auf dem Boden oder auf einem Stuhl. Schließen Sie die Augen und atmen Sie ganz natürlich. Ihren Kopf und Ihren Rücken sollten Sie gerade, aber nicht krampfhaft aufrecht halten. Sitzen Sie einfach still und schweigend da und leiten Sie Ihre Energie nach innen. Lassen Sie die Gedanken vorüberziehen und spüren Sie, wie Sie in die tiefe Stille und den tiefen Frieden fallen, die unsere Mitte bilden.

Versuchen Sie wahrhaftig im Augenblick zu sein, beobachten Sie, was immer an Ihnen vorüberzieht, ohne es zu bewerten. Wenn Sie merken, dass Ihre Gedanken zur nächsten Aktivität vorauseilen oder sich in die Vergangenheit begeben, dann versuchen Sie sie mit entsprechendem Abstand zu betrachten – bewerten Sie sie nicht und lassen Sie sich auch nicht von ihnen einfangen. Bleiben Sie wahrhaftig im Augenblick, beobachten Sie. Was Sie beobachten, ist unwichtig. Der Vorgang des Beobachtens ist es, was die Meditation ausmacht.

Die Gibberisch-Technik zielt nicht nur darauf ab, Stress verursachende Emotionen wie Ärger, Frustrationen oder Wut abzubauen. Sie können sie auch anwenden, um positive Gefühle wie Freude oder Aufregung auszudrücken und auszukosten. Es kann sein, dass Sie kindisch sind und eine Menge Spaß dabei haben, den Clown zu spielen, während Sie mit verschiedenen Aspekten Ihrer selbst experimentieren. Sie dürfen alles ausprobieren. Ob Sie knurren wie ein Dschungeltier oder eine erfundene fremde Sprache sprechen. Verhalten Sie sich haarsträubend. Das Ganze soll keinen Sinn ergeben. Es geht darum, zu lernen, sich aufzuheitern. Schon wenige Minuten lächerlichen Betragens können erstaunliche Erleichterung bringen.

Ich empfehle oft, dass die Menschen Positionen und Laute ausprobieren, die ihnen neu sind. Das hilft, die eigene Kreativität anzuzapfen, und befreit uns vom »Schubladendenken«. Es ist eine Möglichkeit, sich von alten Verhaltensmustern zu befreien und die unbegrenzten Möglichkeiten in uns selbst zu entdecken. Erfreuen Sie sich daran.

Die Dynamische Meditation

Die Dynamische Meditation wurde für jene unter uns geschaffen, die Spaß am regelmäßigen Fitnesstraining haben. Sie ist perfekt auf unseren überaktiven Lebensstil abgestimmt, da sie kaum etwas mit der stereotypen Vorstellung von den glatzköpfigen Mönchen gemein hat, die stundenlang auf kalten Steinböden sitzen und heilige Fragen betrachten. Die Botschaft dieser Meditation ist simpel: Befreien Sie sich von Ihrem geistigen, emotionalen und körperlichen Stress, dann können Sie sich jetzt mit jeder Faser Ihres Körpers am Leben erfreuen. Es ist die lebhafteste Technik dieses Abschnitts; sie durchbricht auf extrem kraftvolle Weise die Blockaden in Ihrem Körper oder Verstand und führt Sie zu Ihrem wahren Selbst.

Die Technik wurde von Osho entwickelt. Dazu wurde auch speziell eine CD aufgenommen: *Osho Dynamic* (Bestellinformationen finden Sie auf Seite 220 f.). Ich empfehle diese Musik ganz besonders, da Trommeln und Musik Sie immer weiter treiben, auch wenn Sie der Versuchung, aufzugeben zu erliegen drohen. Haben Sie die CD nicht zur Hand, dann können Sie natürlich auch einen Wecker für die verschiedenen Phasen stellen. Allerdings kann ich keine andere Musik für diese Übung empfehlen.

Die Kombination der Worte »dynamisch« und »Meditation« bildet einen interessanten Widerspruch. Das Wort »dynamisch« erweckt die Vorstellung einer Anstrengung, einer enormen Anstrengung und das Wort »Meditation« beinhaltet Stille oder keinerlei Anstrengung. Aber gerade durch diesen Widerspruch bekommen wir die Möglichkeit, uns selbst ins Gleichgewicht zu bringen.

Die Meditationsübung besteht aus fünf Phasen. Die ersten drei – Atmen, Läuterung und das Sufi-Mantra »Hoo!« – sollen uns in Kontakt mit der Quelle unserer Lebensenergie bringen, unserer Lebendigkeit, unserer Dynamik. Sie ermöglichen völlige Freiheit beim Loslassen und im Ausdruck und sollten mit vollem Einsatz durchgeführt werden, damit keinerlei Energie unbewegt bleibt. Es geht darum, die aus Ihnen heraustretende Energie völlig zu erschöpfen. Wenn der Verstand keine Energie mehr hat, um Gedanken, Träume und Vorstellungen zu erschaffen, wenn er absolut nichts mehr zu sagen hat, dann werden Sie spüren, dass Sie sich *innen* befinden.

Die vierte Phase schließt schweigende Beobachtung mit ein. Nach den ersten drei Phasen ist diese Stille lebendig, sie vibriert voller Lebensenergie. Es ist eine lebhafte Stille, die man durch normale, rationale Bemühungen nicht erreichen kann. In der Zen-Tradition wird dieser Zustand »absichtloses Handeln« genannt. Die Verwendung sich widersprechender Begriffe weist darauf hin, dass der Prozess nicht linear, sondern dialektisch abläuft. Die Energie der vorangegangenen Phasen wird nicht abgelehnt, sondern aufgenommen; sie wird *benutzt*.

Die fünfte Phase ist das Feiern und Tanzen.

Diese Meditation führen Sie am besten am frühen Morgen und mit leerem Magen durch. Auch hier empfehle ich wieder, eine Binde zu tragen, damit Sie störungsfrei in Ihrem Körper verbleiben. Ich versuche meine Nase gründlich zu putzen, bevor ich mit der Meditation beginne. Dadurch reinige ich die Luftwege. Die Meditation dauert 60 Minuten.

Phase eins: Atmen (10 Minuten)

Wenn Sie die CD besitzen, dann legen Sie sie auf und stellen Sie sich mit entspannter Schulter- und Halsmuskulatur hin. Atmen Sie schnell durch die Nase, und zwar intensiv und unregelmäßig. (Sollten Sie die CD nicht haben, so sollten Sie diese Übung ohne Musik durchführen.) Atmen Sie so schnell Sie können, aber tief. Dies ist keine flache Atmung. Sie sollten die Atemzüge tief in Ihrer Lunge spüren. Lassen Sie sich so weit wie nur möglich darauf ein. Halten Sie Hals und Schultern entspannt.

Achten Sie darauf, dass Ihre Atmung unregelmäßig bleibt. (Sie darf keinen festen Rhythmus annehmen, sonst besteht die Gefahr, dass Sie auf Autopilot gehen. Durch das unregelmäßige Atmen bleiben Sie leichter wahrhaft im Augenblick gegenwärtig.) Sie können Ihre Arme wie Pumpschwengel auf- und abbewegen, um mehr Energie durch Brust und Lunge zu schicken, bis Sie tatsächlich zum Atmen werden. Sobald Ihre Energie in Bewegung geraten ist, wird Ihr Körper sich ebenfalls bewegen. Das hilft beim Energieaufbau. Lassen Sie nicht nach, bevor die zehn Minuten ganz abgelaufen sind, und werden Sie nicht langsamer.

Phase zwei: Läuterung (10 Minuten)

Lassen Sie alles heraus. Lassen Sie völlig los. Springen, lachen, kreischen, weinen, schütteln, treten, schlagen Sie, wonach auch immer Ihrem Körper zumute ist. Halten Sie sich nicht zurück, sondern bringen Sie Ihren gesamten Körper in ständige Bewegung und die Töne in ständigen Fluss. Lassen Sie alles heraus. Lassen Sie nicht zu, dass Ihr Verstand sich einmischt. Bleiben Sie ganz und gar in Ihrem Körper. Spielen Sie vollkommen verrückt.

Phase drei: Hoo! (10 Minuten)
Halten Sie Schultern und Hals entspannt und heben Sie die Arme so hoch Sie können, ohne die Ellenbogen durchzudrücken. Hüpfen Sie mit erhobenen Armen auf und ab und rufen Sie das Mantra »Hoo! ... Hoo! ... Hoo!« so tief aus dem Bauch heraus wie nur möglich. Jedes Mal, wenn Sie auf den Fußsohlen landen (achten Sie darauf, dass Ihre Hacken den Boden berühren und drücken Sie die Knie nicht durch), lassen Sie den Laut tief in Ihrer Mitte dröhnen. Geben Sie alles. Erschöpfen Sie sich vollkommen.

Phase vier: Schweigende Beobachtung (15 Minuten)
Erstarren Sie! Halten Sie inne, an welcher Stelle oder in welcher Stellung Sie sich auch befinden mögen. Nehmen Sie keinerlei Veränderungen an Ihrer Körperhaltung vor. Ein Husten, eine Bewegung, alles würde den Energiefluss zerstreuen und Ihre Anstrengungen wären umsonst. Seien Sie Zeuge dessen, was mit Ihnen geschieht.

Phase fünf: Tanzen (15 Minuten)
Verbringen Sie 15 Minuten damit, Ihre Lebendigkeit zu feiern. Tanzen Sie, verleihen Sie dem, was auch immer da ist, Ausdruck. Nehmen Sie diese Energie mit in Ihren Tag hinein.

Ich möchte, dass Sie sich mit Hilfe dieser Technik so weit wie möglich dem Atem des Lebens öffnen. Nehmen Sie so viel davon in sich auf, wie es nur geht. Sie werden nicht länger philosophieren wollen oder von dem Tag träumen, an dem Sie wirklich zu leben beginnen. Tun Sie es jetzt! *Leben Sie!*

Jedes Mal, wenn ich die Osho-Dynamik-Meditation durchführe, erfasst mich ein Hochgefühl. Die tiefen, schnellen Atemzüge lösen die einzementierten Verhaltensmuster meiner Psyche auf, bringen alles in Bewegung und zum Kribbeln. Sie laden meinen Körper mit Sauerstoff und Lebensenergie auf. O ja – es ist großartig!

Stelle ich fest, dass ich nur halbherzig bei der Sache bin, dann schalte ich in eine höhere Gangart. Innerhalb von Minuten habe ich eine Geschwindigkeit erreicht, die meine Gedanken atemlos zurücklässt. Das ist ein Zweck dieser Übung: Der Verstand wird davongeblasen. Haben Sie keine Angst, er kommt zurück! Ich höre nur noch das Stakkato heftigen Ausatmens. Mir wird klar, dass noch mehr möglich ist (mehr ist immer möglich), und ich atme sogar noch tiefer. Ich denke nicht mehr, es gibt nur noch das Atmen - tiefer, schneller, wilder. Es ist absolut abgehoben. Ab einer gewissen Geschwindigkeit, einer bestimmten Intensität bin ich einfach nur noch mittendrin und macht es mir Spaß, bis zum Äußersten zu gehen.

Der Beginn des Läuterungsprozesses ist eine solche Erleichterung. Ich verleihe all meinen aufgestauten Gefühlen Ausdruck, werfe die Last meiner Gedanken ab und erlaube meinem Körper, die aufgestauten Anspannungen loszulassen. Während ich mich selbst immer weiter treibe, entdecke ich tief verschüttete Schichten meines Selbst, die in der ersten Phase freigelegt wurden und die ihren Ausdruck finden müssen. Lange vergessener Ärger, Verletzungen oder Enttäuschungen können auf diese Weise nach oben steigen und hinausgeworfen werden. Alle Spielarten von altem emotionalem Ballast können so in Körper und Geist eliminiert und losgelassen werden. Wenn ich dann Phase drei erreicht habe, fühle ich mich gereinigt und bereit, das Mantra »Hoo!« mit voller Kraft herauszuschreien. Es steigt laut und stark aus den Tiefen meines Bauches auf. Der Laut hallt in meinem Körper wider und ich spüre, wie er die Arbeit der ersten beiden Phasen fortsetzt und immer noch weitere Schichten der Anspannung abwirft. Mein Körper und mein Verstand fühlen sich wie ein hohler Bambusstock an, der durch diese Übung darauf vorbereitet wird, die Stille der vierten Phase in sich aufzunehmen.

Plötzlich höre ich eine Stimme »Stopp« rufen. (Wenn Sie die CD nicht haben, dann stellen Sie einen Wecker so, dass er zu Beginn der vierten Phase klingelt.) Ich erstarre und lausche der Stille. Die vierte Phase. Ich sinke in die ungeheure Tiefe der Reglosigkeit. Nach all dem Lärm und der Anstrengung stehe ich stocksteif da. Ich atme, bin, freue mich, beobachte. Das ist es! Der Augenblick, auf den ich gewartet habe. Diese Freude, festzustellen und einfach nur zuzusehen, wie diese lebendige Stille meinen ganzen Körper durchdringt.

Während des Tanzens in der fünften Phase habe ich jede Menge zu feiern: Ich habe ein weiteres Mal eine Dynamische Meditation erfolgreich durchgeführt. Ich feiere mich selbst, weil ich willens war, eine solche Anstrengung für meine Reise der Selbst-Entdeckung auf mich zu nehmen. Ich habe meine Anspannung losgelassen und Kontakt mit meiner Kreativität und meiner Lebensfreude aufgenommen. Ich bin voll so unendlich vieler Möglichkeiten wie der weite Himmel.

Die Osho-Dynamik-Meditation eignet sich für alle, die sich ausgebrannt, neurotisch oder verwirrt fühlen. Es ist eine innerliche und äußerliche Anstrengung, die einen neuen Pfad durch den Dschungel unseres zu schnell rasenden Verstandes schlägt. Viele Menschen erlernen sie, um sie weiterzugeben, um sie als Morgenkurs in ihrem Fitnesscenter oder an der Arbeitsstelle einzuführen. Sie wissen selbst: Je größer die Anstrengung, desto reicher der Lohn. Üben Sie diese Technik mindestens 21 Tage lang. Sie werden reich dafür belohnt werden.

Schlaflosigkeits-Meditation

75 Prozent aller unter Schlaflosigkeit leidenden Langzeitpatienten, die Entspannung und Meditation erlernen, sind hinterher in der Lage, innerhalb von 20 Minuten nach dem Zubettgehen einzuschlafen.

Dr. Greg Jacobs
Psychologe in Harvard

Wenn Sie unter Schlaflosigkeit leiden, so kenne ich kein besseres Gegenmittel als Meditation. Schlaflosigkeit wird gewöhnlich durch einen überaktiven Verstand hervorgerufen. Ihr Verstand speichert den ganzen Tag über Lärm aller Art und wenn Sie schlafen möchten, dann macht er einfach weiter. Es ist zur Gewohnheit geworden. Er weiß nicht mehr, wie er sich abstellen soll, so als sei der Schalter kaputt. Um in Schlaf sinken zu können, müssen Sie also einen Weg finden, die Energie loszulassen. Wenn Sie leer geworden sind, werden Sie problemlos einschlafen. In der folgenden Meditation schaffen Sie eine Situation, in der dies ganz leicht geschehen kann.

Setzen Sie sich im Bett auf, machen Sie das Licht aus und beginnen Sie, Gibberisch zu reden. Tun Sie das 30 Minuten lang. Lassen Sie jede Art von Laut zu. Machen Sie sich keine Gedanken über Bedeutung, Sprache, Grammatik. Je sinnloser Sie klingen, desto hilfreicher sind Ihre Laute nämlich. Sie werfen einfach nur all den Müll raus, den Ihr Geist den ganzen Tag über aufgesammelt hat.

Legen Sie einfach los. Aber seien Sie sehr leidenschaftlich bei der Sache, so als hinge Ihr Leben davon ab. Begeben Sie sich in einen leidenschaftlichen Dialog mit sich selbst. Lassen Sie Ihre gesamte Energie hineinfließen. Wenn Sie 30 Minuten durchhalten, dann stehen die Chancen gut, dass Sie durchschlafen werden – wenn nicht in dieser, so doch in einer der kommenden Nächte.

Gibberisch wirkt so gut, weil es wertungsfrei ist. Es ist nicht möglich, das Gesagte zu analysieren oder sich deswegen schuldig zu fühlen oder darüber zu moralisieren, dass Sie böse Dinge sagen. Wenn Sie nur Geräusche von sich geben, dann wissen Sie nicht, was Sie sagen. Ihre Gesten, Ihre Leidenschaft erledigen die Arbeit.

Führen Sie diese Übung sieben Tage lang durch. Ihr Verstand wird sich an die Erleichterung, an den Wegfall des ganzen mentalen Stresses gewöhnen und dies willkommen heißen. Danach werden Sie sich eines guten, natürlichen Schlafes erfreuen.

Vergessen Sie nicht, dass Schlaflosigkeit ein Symptom für starke Stressfaktoren in Ihrem Leben ist. Wenn Sie sich angewöhnt haben, Schlaftabletten zu nehmen, dann behandeln Sie nur die Symptome, nicht aber den zugrunde liegenden Stress. Hier noch ein paar weitere Vorschläge für die Behandlung von Schlaflosigkeit:

- Decken Sie die Stressfaktoren in Ihrem Alltag auf und vergessen Sie nicht, dass diese mentaler, emotionaler oder körperlicher Natur sein können oder aber auch eine Mischung aus allen dreien. Lesen Sie alle Entspannungsübungen in diesem Kapitel durch. Wenn Sie Entspannungsübungen in Ihren Tagesablauf einbauen, können die unterschwelligen Ursachen für Ihren Stress und somit auch Ihre Schlaflosigkeit sehr wohl ein Ende finden.

- Suchen Sie nach möglichen körperlichen Ursachen für Ihre Schlaflosigkeit. Wenn Sie zum Beispiel zehn Tassen Kaffee pro Tag trinken oder spät am Abend noch ein schweres Essen zu sich nehmen, dann kann Sie das wach halten. Als Raucher sollten Sie nicht vergessen, dass Nikotin ein starkes Stimulans ist. Und übersehen Sie auch nicht die hohen Koffeindosen in ganz gewöhnlicher Schokolade.

- Denken Sie darüber nach, wie Sie Ihre Abende verbringen. Fernsehen kann das Nervensystem stimulieren. Hören Sie sich stattdessen entspannende Musik an. Oder versuchen Sie es mit meiner CD *Insomnia Meditation*, einer geführten Reise in den Schlaf mit Hilfe beruhigender Musik (Bestellinformationen auf Seite 220 f.).

- Probieren Sie nach der Arbeit eine der lebhafteren Meditationen. Jogging-, Langstreckenlauf-, Schüttel- oder Tanz-Meditationen können zum Beispiel sehr hilfreich dabei sein, Stress am Ende eines Arbeitstages abzubauen und Sie in einen entspannteren Zustand hinüberzuführen.

Zur Erinnerung

Zum Schluss noch ein paar Tipps, die Ihnen helfen sollen, Ihren Körper wieder zu bewohnen und einen entspannten Zustand zu erreichen. Probieren Sie sie überall und zu jeder Zeit aus. Sie können auch meine CD *Wisdom of the Body Meditation* ausprobieren (Bestellinformationen auf Seite 220 f.).

1 ✹ *Verlangsamen Sie jeden Vorgang.*

Versuchen Sie, auf entspannte Art zu gehen, zu essen, zu reden und zuzuhören. Versuchen Sie, auch wenn Sie in Eile sind, auf entspannte Art dahinzueilen, in dem Bewusstsein, dass »ich mich genau jetzt beeile«.

2 ✹ *Planen Sie regelmäßige Entspannungspausen ein.*

Nutzen Sie »Auszeiten«, wie kurz sie auch sein mögen, für eine Entspannungspause. Jedes Mal, wenn Sie zum Beispiel an einer roten Ampel stehen, jedes Mal, wenn Sie am Telefon in der Warteschleife stecken oder wenn Sie auf jemanden warten, können Sie langsam und tief atmen. Oder Sie denken darüber nach, was Sie sich selbst anschließend Gutes tun könnten.

3 ✹ *Wenden Sie die Aromatherapie an, um sich zu entspannen.*

Der Duft von Ölessenzen bestimmter Pflanzen kann einen belebenden Effekt auf Körper und Geist haben. Lavendel- und Kamillenöl sind besonders gut zur Entspannung geeignet.

4 ✹ *Schaffen Sie sich zu Hause einen stressfreien Ort.*

Lassen Sie weder Arbeit noch Unordnung eindringen …

Schaffen Sie sich einen Ort, den Sie aufsuchen können, wenn Sie sich entspannen müssen. Er muss sich nicht einmal drinnen befinden. Eine Terrasse oder ein Innenhof eignen sich hervorragend zum Entspannen.

5 ☼ *Seien Sie Ihrem Körper gegenüber achtsam.*

Suchen Sie einen Ort auf, an dem Sie entspannt sitzen oder liegen können. Schließen Sie die Augen. Hören Sie sich dabei die CD *Healing Touch* von Nadama oder eine andere Musik an, die Sie als besonders entspannend empfinden. *Healing Touch* wurde komponiert, um die Heilung zu fördern und Entspannung herbeizuführen. Lassen Sie die Musik über sich hinwegfließen und sich tiefer und tiefer in Gelassenheit und Frieden hinabgleiten. Lassen Sie sich von der Musik trösten und beruhigen. Bleiben Sie 15 Minuten in diesem entspannten Zustand oder auch länger, wenn Ihre Zeit es erlaubt.

6 ☼ *Lassen Sie Ihre inneren Spannungen los.*

Erinnern Sie sich so oft wie möglich daran, Kontakt mit Ihrem Körper aufzunehmen, und schauen Sie nach, ob Sie irgendwo Spannungen mit sich herumtragen. Dann versuchen Sie, diesen Körperteil zu entspannen. Sie können hierzu meine Kassette *Transforming Tensions Meditation* ausprobieren (Bestellinformationen auf Seite 220 f.). Oder Sie versuchen eine der aktiven Meditationen aus diesem Buch. Langstreckenlauf-, Jogging-, Fitness- und Bewegungsmeditation erlauben, die Energie loszulassen.
Wasser trinken, Spaziergänge, Gymnastik, Massagen, Fahrradfahren oder Wandern, sich an frischer Luft oder den Gaben

der Natur zu erfreuen sind weitere Möglichkeiten, dem Körper gegenüber Achtsamkeit zu üben.

7 ☼ *Versuchen Sie es mit Schlendern.*

Wenn Sie sich im Freien befinden, dann folgen Sie Wegen ohne Sinn und Ziel, wandern Sie kreuz und quer durch Wälder und über Hügel. Überlassen Sie es Ihren Instinkten, den Weg zu finden. Der gefeierte Schriftsteller Henry David Thoreau liebte es, ziellos durch die ungezähmte Natur zu wandern. »Das Gehen, von dem ich hier spreche, hat nichts mit Ertüchtigung zu tun«, legte er dar. »[Ich] ergebe mich meinen Instinkten, die für mich die Entscheidung treffen.« Er nannte dies Schlendern, englisch »sauntering«, das sich vom französischen »sans terre«, »ohne Land oder Heim«, herleitet.

8 ☼ *Finden Sie den Mittelweg.*

Seien Sie vorsichtig und weder zu aktiv noch zu passiv. Wenn Sie überaktiv sind, schaffen Sie Anspannung, ein Gefühl der Eile, der Geschwindigkeit, der Ruhelosigkeit. Sind Sie zu passiv, so spüren Sie eine Art Lethargie oder auch Trägheit. Bewegen Sie sich in der Mitte.

9 ☼ *Essen Sie weder zu viel noch zu wenig.*

Einige Menschen lehren das Fasten. Fasten ist bei der Meditation aber keine Hilfe, sondern eher ein Hindernis. Wie sollen Sie Ihre innere Stille finden, wenn Sie hungrig sind? Essen Sie so viel, dass Sie nicht länger hungrig sind, aber auch nicht zu viel, sonst fühlen Sie sich zu satt und schläfrig. Auf diese Weise fällt das Meditieren leichter.

10 ☼ *Schlafen Sie nicht zu lange, aber verzichten Sie auch nicht auf den nötigen Schlaf.*

Es ist wichtig, dass Sie genug Schlaf bekommen, damit sich Ihr Körper erholen kann. Auch der Geist benötigt Ruhe. Schlafen wir zu lange, so fühlen wir uns dumpf und schwerfällig. Achten Sie auf die Weisheit Ihres Körpers und Sie werden die richtige Schlafmenge ermitteln, die Sie benötigen. Wir alle müssen unser individuelles Gleichgewicht finden.

11 ☼ *Verzichten Sie auf alle Extreme.*

Nur in der Mitte findet sich ein entspannter Geisteszustand. Wenn Sie dieses Gleichgewicht zwischen Bemühung und Mühelosigkeit, zwischen Zielgerichtetheit und Ziellosigkeit, zwischen Sein und Nichtsein, zwischen Verstand und Unverstand, zwischen Handlung und Handlungslosigkeit finden, dann lernen Sie, mit dem Fluss der Dinge zu fließen. Sie können sich loslassen.

12 ☼ *Lassen Sie sich doch einfach mal treiben.*

Verbringen Sie ein wenig Zeit zu Hause, ohne dabei etwas Bestimmtes zu erledigen. Bewegen Sie sich ziellos von einer Sache zur nächsten, wo immer Sie Ihre Intuition hinzieht. Räumen Sie die Schublade mit den Socken aus, sitzen Sie auf der Veranda, graben Sie den Garten um, rufen Sie einen

Freund an, liegen Sie auf der Couch und spinnen Sie Tagträume. Welche Laune auch immer Sie überkommt, leben Sie sie aus.

13 ☼ *Versuchen Sie beim Atmen leise zu lächeln.*

Lächeln entspannt die Muskeln des Körpers. Probieren Sie es sofort aus.

14 ☼ *Setzen Sie sich und tun Sie fünf Minuten lang gar nichts.*

Probieren Sie einmal aus, ob Sie es schaffen, fünf Minuten einfach nur dazusitzen, einfach nur zu sein. Mit der Zeit wird Ihre Geschäftigkeit, Ihre Besessenheit, etwas tun zu müssen, einfach von Ihnen abfallen, da Ihnen bewusst wird, wie absurd das Ganze ist. Sie gehen entspannt mit sich selbst um. Sie finden nach Hause.

15 ☼ *Lassen Sie alle Anstrengung hinter sich.*

In der Zen-Tradition weisen die Meister ihre Schüler an: »Sitze einfach da. Tue nichts.« Und die Schüler versuchen es, denn am Anfang ist die Anstrengung noch präsent. Aber irgendwann, wenn Sie sich wieder und wieder daran erinnern, dass Sie über das Versuchen hinausgehen müssen, wird ein Augenblick kommen, in dem Sie nichts zur Meditation dazutun, sondern einfach da sind, achtsam sind, und dann geschieht es. Die innere Wandlung kann nicht durch Anstrengung erfolgen, denn Anstrengung erzeugt Anspannung. Aber da Sie sich am Anfang, vor dem Hintergrund der Achtsamkeit, bemühen, sind Sie auch fähig, die Anstrengung irgendwann hinter sich zu lassen. Das wird von selbst geschehen – Sie haben keinen Einfluss darauf.

16 ☼ *Seien Sie wahrhaft im Augenblick gegenwärtig.*

Noch etwas anderes sollten Sie zum Schluss nicht vergessen. Je mehr Sie Ihre Erwartungen fallen lassen, die Geschehnisse nicht herbeiwünschen, sondern den bestehenden Zustand einfach hinnehmen, desto entspannter werden Sie sein. Und je entspannter Sie sind, desto tiefer können Sie auf Ihrer inneren Reise vordringen.

2 ☼ Der Lachende Buddha: Genießen Sie Ihren Weg zur Erleuchtung

... aber der alte Mann lachte laut und herzlich, dass es die Einzelteile seiner Anatomie von Kopf bis Fuß schüttelte, und dann sagte er, solches Gelächter sei so gut wie bares Geld in der Tasche, denn es setze die Arztrechnung herab wie sonst nichts.

Mark Twain,
Tom Sawyers Abenteuer

Einmal saß ich an einem Sonntagabend mit einigen Freunden in einem Restaurant und verzehrte genüsslich einen Nudelsalat, als vom Nebentisch Lachen und Kichern herüberdrang. Wir drehten uns um und sahen dort eine Familie sitzen, deren zwei halbwüchsige Töchter gerade einen Kicheranfall hatten. Der Vater war offensichtlich nicht so guter Stimmung und langsam der Verzweiflung nahe, denn die Mädchen konnten einfach nicht aufhören zu lachen. Mit todernster Miene sagte er schließlich: »Du hast für dieses Wochenende genug gelacht, Julia.«

Ich musste mich abwenden, damit er mein Grinsen nicht sah. Währenddessen versuchte Julia ihn davon zu überzeugen, dass sie doch bereits ihr Quantum Lachen vom Montag aufbrauchen könnte. Sie argumentierte, dass sie am Montag in der Schule sei und daher gar nicht in der Lage wäre, so viel wie an einem Sonntag zu lachen.

Diese absurde Situation, dass einem Menschen eine bestimmte Tagesration Lachen zugeteilt wurde, erinnerte mich an meine eigene Kindheit. Bis zu diesem Augenblick hatte ich mir kaum Gedanken darüber gemacht, wie ernsthaft meine Erziehung gewesen war. Mein Lachen war weitgehend unterdrückt worden. Kichern, Lachen und zu viel Freude wurden in der

Schule, in der Kirche und an anderen Orten meiner Kindheit mit unübersehbarem Stirnrunzeln bedacht. Wie stark diese Emotionen unterdrückt worden waren, wurde mir erst bewusst, als ich mit der Meditation der Mystischen Rose begann (siehe Seite 172). Lachen nimmt bei der Mystischen Rose breiten Raum ein. Als ich sie das erste Mal ausprobierte, war es für mich sehr ungewohnt, drei Stunden lang zu lachen, noch dazu in Gegenwart anderer Menschen (die Mystische Rose führt man am besten in der Gruppe durch). Es dauerte allerdings nicht lange, bis ich in Schwung kam und mein natürliches Lachen immer wieder an die Oberfläche blubberte.

Der Sinn der Meditation besteht nicht darin, ein ernstes Gesicht zu machen. Natürlich sollten Sie ernsthaft bei der Sache sein, aber doch nicht ernst bleiben. Dann würden Sie versuchen, Ihr Ziel mit Gewalt zu erreichen. Daraus entsteht aber nur neue Spannung. Je mehr Spaß Sie an den verschiedenen Techniken haben – je spielerischer Sie mit ihnen umgehen –, desto entspannter sind Sie und desto mehr werden Sie meditieren wollen.

Dr. Raymond Moody schreibt dazu in seinem Buch *Laugh after Laugh: The Healing Power of Humour*:

> *Lachen ist ein tolles natürliches Beruhigungsmittel. Es regt das Gehirn an, Catecholamine zu produzieren, die wiederum die Freisetzung von Endorphinen auslösen. Endorphine werden auch als natürliches Valium bezeichnet; sie fördern die Entspannung und das Wohlbefinden. Die Catecholamine wirken außerdem durchblutungsfördernd und beschleunigen so vermutlich Heilungsprozesse; sie sind entzündungshemmend, reduzieren Entzündungen und erfrischen den Geist.*

Ich komme an dieser Stelle auf Lachen, Humor und Lebensfreude zu sprechen, weil man dazu keiner besonderen Fähigkeiten bedarf. Man muss nichts lernen und auch keine Regeln beachten. Sie wissen bereits, wie man lacht – es geht lediglich darum, in welchem Maße und auf welche Weise Sie mehr Leichtigkeit in Ihr Leben bringen.

Wir müssen nicht darauf warten, dass wir irgendwann glücklich sind. Die in diesem Kapitel vorgestellten Übungen helfen uns, zu entspannen, locker zu werden, das Leben zu genießen. Sie versetzen uns in die Lage, spielerisch an den Alltag heranzugehen, und erinnern uns daran, dass das Leben kein fortwährender Kampf ist. Selbst wenn wir nicht glücklich sind, können uns diese Übungen zu neuer Energie verhelfen und uns durch schwierige Zeiten lotsen. Durch sie können wir unsere innere Fröhlichkeit an die Oberfläche locken und die uns innewohnende Freude wecken.

Lebenslust ist das Wesen unserer Natur. Wir müssen nicht darauf warten, dass äußere Umstände unser Glück bestimmen. Wir können es in uns selbst finden, denn es ist ein tiefer, ureigenster Teil unseres Wesens. Vielleicht gehen wir davon aus, dass zum Glücklichsein Entspannung und Ruhe und alle möglichen Bedingungen gegeben sein müssen. Aber das ist nicht der Fall. Man kann vollkommen grundlos glücklich sein. Je mehr wir *ohne jeden Grund* lächeln, lachen, uns freuen, desto eher finden wir heraus, dass wir das, was wir suchen, schon lange besitzen.

Wir wissen zwar, dass Lachen uns gut tut, dennoch glauben wir manchmal, es gäbe einfach nichts zu lachen. Uns ist sogar eher nach Weinen zumute. Wir stecken in einem schwierigen Lebensabschnitt oder meinen, das Leben sei hart. Lachen scheint die Anstrengung nicht wert oder geradezu erdrückend schwierig zu sein.

Für solche Fälle finden Sie am Ende des Buches eine sehr viel tiefer gehende Übung – die Meditation der Mystischen Rose (siehe Seite 172). Sie hilft uns, im gegenwärtigen Augenblick Heilung zu finden, Gefühle und Vorstellungen loszulassen, die uns blockieren und dadurch verhindern, dass wir mehr Liebe, Anmut, Flexibilität und Freude in unserem Leben empfinden.

Probieren Sie also einige dieser Lachübungen aus, aber seien Sie dabei nett und freundlich zu sich. Ist Ihnen nicht nach Lachen zumute, so lächeln Sie öfter als bisher, lesen Sie heitere Bücher, sehen Sie sich Filmkomödien an. Auf diese Weise wird das, was ganz natürlich in Ihnen ruht, immer leichter an die Oberfläche dringen. Sollten Sie eine schwierige Zeit durchmachen, so vergessen Sie nicht, auch der Traurigkeit entsprechend Raum zu geben. *Dieses Gleichgewicht an Achtsamkeit und Ausdrucksfähigkeit für beide Energieformen wird Sie zu tieferer innerer Harmonie und Frieden führen.*

Die positiven Auswirkungen

Lachen ist in jeder Hinsicht gut für uns: körperlich, emotional, spirituell. Zu den vielen positiven Wirkungen zählen:

Lachen regt die Heilkraft des Körpers an. ✹ Können Sie trotz Krankheit lachen, so werden Sie schneller gesund. Sind Sie unfähig, zu lachen, so werden Sie früher oder später krank. Lachen bringt die Energie Ihrer inneren Quelle an die Oberfläche.

Lachen fördert die Kreativität. ✹ Nach vielen, von Lachen geprägten Erfahrungen habe ich festgestellt, dass wir mit schöpferischer Energie geradezu überschwemmt werden, wenn sich unsere Energiesysteme öffnen. Das Unterbewusstsein öffnet sich und wir gewinnen Einsichten, wenn die alten Verhaltensmuster losgelassen werden. Bei der Entspannung von Körper und Geist entsteht eine Pforte, durch die unsere innere Weisheit hindurchschreiten und sich ausdrücken kann.

Lachen verjüngt, baut uns auf und hält uns jung. ✹ Lachen oder lächeln wir, so werden wir lockerer und fühlen uns besser. Im Gesicht sammelt sich der Stress und wenn wir lachen, können wir unser Gesicht von ungeahnten Anspannungen befreien. Dadurch wirken wir jünger. Wir werden daran erinnert, auch Spaß zu haben. Vielleicht sollten Sie heute irgendetwas aus purem Spaß heraus machen.

Lachen ist sexy. ✹ Lachen ist eine attraktive Energieschwingung und kann uns mit Menschen zusammenbringen, die gut für uns sind. Dies ist besonders positiv, wenn Sie sexuell blockiert sind. Lachen löst Hemmungen, öffnet die Energiekanäle und bringt uns in direkten Kontakt mit unserer Energie. Viele Menschen haben mir berichtet, dass sie im Anschluss an die Lach-Meditationen sexuell stärker reagierten.

Lachen ist gut für Beziehungen. ✹ Humor bringt Menschen zusammen. Viele Paare, die gemeinsam die Lach-Meditation (Seite 80) oder die Mystische-Rosen-Meditation (Seite 172) durchführen, erzählen, dass ihre Beziehung viel besser laufe. Sie entdecken am Partner neue Seiten, die spielerische, heitere Komponente. Lachen macht den ernsteren Teil des Lebens wie Arbeit, Geld, Haushalt, Kinder usw. um vieles leichter. Denken Sie an die alte Redensart: »Immer nur arbeiten und niemals spielen macht Hänschen stumpfsinnig.« Nun, auch Lieschen nimmt Schaden!

Lachen öffnet das Herz. ✹ Es öffnet das Tor für die Liebe, das Mitgefühl, den Mut, das Vertrauen und die intuitive Weisheit, die in Ihnen schwingen.

Lachen gewährt uns ein wenig Freiheit von unserem Verstand. ✹ In Augenblicken, in denen Sie völlig im Lachen aufgehen, sind Sie geistig frei. Sie schalten um von Sorge zu Humor, von Spannung zu Entspannung, von Angst zu Vertrauen, von Furcht zu Mut. Mit anderen Worten: vom Verstand zum Herzen. Sie können nicht gleichzeitig denken und lachen. In den

Sekunden, in denen der Verstand ausgeschaltet ist, befinden Sie sich in Meditation. In diesen Sekunden existieren nur Sie und nicht der Verstand.

Hotei, der Lachende Buddha

Von allen erleuchteten Mystikern ist Hotei am engsten mit dem Lachen verbunden; er wird auch der Lachende Buddha genannt. Hotei war ein großer Mann mit wohl gerundetem Bauch, der im 16. Jahrhundert in Japan von Dorf zu Dorf zog. Er verspürte keineswegs den Wunsch, sich als Zen-Meister zu bezeichnen oder Schüler um sich zu sammeln. Stattdessen zog er mit einem Sack voller Süßigkeiten, Früchten und Schmalzgebäck durch die Straßen und beschenkte daraus alle Kinder, die zu ihm kamen.

Anfangs scharten sich die Menschen um ihn, weil sie ihn wegen seines fortwährenden Lachens für verrückt hielten. Doch Hoteis Lachen war so ansteckend, dass auch sie sich schon bald den Bauch vor Lachen hielten und ihre Voreingenommenheit ablegten. Auch wenn sie spirituelle Fragen zur Erleuchtung stellten, lachte Hotei nur. Aber sie haben ihre Fragen schnell vergessen, so ansteckend war sein Lachen.

Es wird erzählt, Hotei habe sogar im Schlaf gelacht. Sein ganzer Körper bebte, wenn das Lachen tief aus seinem Bauch nach oben quoll. Hotei wurde durch das Lachen stämmig und stark. Lachen war für ihn die natürlichste Sache der Welt, alles und jedes brachte ihn zum Lachen. Das war seine Art, den Menschen Erleuchtung zu bringen. Und wenn sie mit ihm lachten, dann erlebten sie die Gegenwart eines Meisters. Sie spürten, dass etwas von großer Bedeutung geschah. Deshalb wurde er der Lachende Buddha genannt. Er war auf eine andere Art als Buddha selbst ein Meister und dennoch ein wahrer Buddha. Mit dem Lachen bot er einen anderen Weg an. Hotei selbst war die Botschaft, sein Leben war seine Lehre.

Hotei lachte nicht über Witze oder andere Menschen. Er lachte über sich selbst. Er lachte, um das Sein zu feiern, aus purer Freude am Leben. Und er war voller Mitgefühl. Er wollte an seinem Geschenk möglichst viele Menschen teilhaben lassen. Er wollte sehen, wie das Lachen die Gesichter der Menschen erhellte, wollte sehen, wie ihr Wesen aus reiner Freude am Lebendigsein vor Glück strahlte.

Er verkündete keine Philosophie, keine Schriften, keine Lehrsätze, Theorien, Ideologien oder Konzepte. Seine Lehre war existenziell. Er wollte sehen, dass jeder die Freude erlebte, die das Lachen schenkt. Darüber kann man keine Reden halten. Das muss man erleben. Das ist Meditation. Hotei erwies der Menschheit einen ungeheuren Dienst. Er war kein Philosoph. Er war ein einfacher Mensch, leise, glücklich, lebendig, von Augenblick zu Augenblick lebend.

Das Wundervolle am Lachen als Meditation besteht darin, dass man nicht erst danach suchen muss. Wir alle werden voller Lachen geboren. Leider wird es in den meisten von uns unterdrückt. Also müssen wir ihm nur erlauben, aufzusteigen und aus uns herauszubrechen.

Wie aber bringen wir uns absichtlich zum Lachen? Sie können es mit meiner Kassette *Laughter Meditation* versuchen (Bestellinformationen siehe Seite 220 f.). Auch Witze eignen sich für den Anfang sehr gut, da sie unlogisch sind. Wären sie logisch, so könnten wir die Pointe vorhersagen und dann wäre der Witz weg. Stattdessen lösen sie einen Vorgang aus, der uns wahrhaft im Augenblick gegenwärtig sein lässt. Wir vergessen unsere Ernsthaftigkeit und unsere Probleme. Für einen Moment sind wir unschuldige Kinder, voller Staunen und Ehrfurcht.

Wir lachen über Witze, weil sie unerwartete Wendungen nehmen. So unerwartet, dass sie uns überrumpeln und zum Lachen bringen. Ein Beispiel: »Mein Name ist Jan Msikzmenthalyi. Das schreibt sich J-A-N.«

Auf einmal liegen wir alle auf einer Wellenlänge, niemand ist mehr Chef oder Angestellter, Elternteil oder Kind, Anwalt oder Bankier. Wir sind alle eins, miteinander verbunden durch das gemeinsame Lachen. Lachen überwältigt uns und ertränkt das Ich-Bewusstsein. Und jedes Mal, wenn unser Ich-Bewusstsein verschwindet, werden wir eins mit uns selbst. Je mehr wir lachen, desto tiefer können wir in die Meditation eintauchen. Die Energie des Lachens ist dabei der Kanal, der uns in die Tiefen unserer inneren Ruhe trägt. Die Kraft dieser Energie ist so stark, dass sie einen Pfad durch die Halden unbewusster Verhaltensmuster zu schlagen vermag und uns mit uns selbst vereint.

Meditationen des Lachens und der Freude

Haben Sie Spaß!

Diese Technik ist ganz einfach: Tun Sie nur, was Ihnen Spaß macht. Probieren Sie es aus, wann immer sich Ihnen die Gelegenheit bietet, am Anfang vielleicht in der Mittagspause oder am Wochenende. Freude entspringt unserer Mitte. Unternehmen wir also etwas, das uns Spaß macht, so sind wir zentriert. Wir fühlen, wie tiefer, innerer Friede und Entspannung sich ausbreiten. Also experimentieren Sie. Wenn Sie eine Straße entlanggehen, so richten Sie Ihre Achtsamkeit auf diese Aktivität: Macht Ihnen der Spaziergang Spaß oder nicht? Wenn nicht, so brechen Sie ihn ab. Machen Sie etwas anderes.

Freude ist der Klang unseres Zentriert-Seins. Wann immer etwas Ihnen keine Freude bereitet, befinden Sie sich nicht in Ihrer Mitte. Also zwingen Sie sich zu nichts. Dazu besteht keine Notwendigkeit. Prüfen Sie, ob Sie etwas nur aus Pflichtgefühl machen oder weil Ihnen beigebracht wurde, es als Freude zu betrachten. Oder tun Sie das Betreffende, weil es Ihnen wirklich Spaß macht? Der Möglichkeiten gibt es unendlich viele und sie sind individuell sehr verschieden. Es wird also immer etwas geben, das Ihnen Freude bereitet. Das Geheimnis dieser Meditation liegt darin, dass Sie etwas entdeckt haben, was Ihnen Spaß macht. Wann immer Sie Freude empfinden, sind Sie im Einklang mit sich selbst und in Harmonie mit dem Universum. Sie sind mit Ihrer Mitte verbunden, Ihrer inneren Oase der Gelassenheit. Nun werden Sie entdecken, dass all das, was Sie suchten, bereits in Ihnen ruht. Es hat nichts mit der Zukunft zu tun, es ist bereits da, trifft bereits zu.

Lächeln Sie, bevor Sie jemanden anrufen

Lächeln Sie, bevor Sie den Telefonhörer abheben, um jemanden anzurufen. Dies ist die Energie, die Sie aussenden. Durch diese einfache Übung werden Ihre geschäftlichen und privaten Gespräche besser verlaufen, weil Sie Freundlichkeit und guten Willen übermitteln. Versuchen Sie es. Sie können die Übung sogar zu einem Tag des Lächelns ausbauen. Lächeln Sie, wann immer es Ihnen einfällt. Probieren Sie einmal aus, die Straße entlangzugehen und zu lächeln, nur so, ohne jemand Bestimmtem zuzulächeln. Beobachten Sie, wie Sie sich dabei fühlen. Beobachten Sie die Wirkung auf andere. Diese einfache Übung wird die Qualität Ihres Tages verändern.

Die Lach-Meditation

Strecken Sie sich, wenn Sie am Morgen aufwachen, jeden Muskel, jede Zelle, jede Sehne Ihres Körpers, so wie eine Katze. Beginnen Sie ein paar Augenblicke später zu lachen. Fangen Sie einfach an. Zu Beginn müssen Sie vielleicht ein wenig nachhelfen, anschieben, damit die Energie des Lachens in Bewegung kommt, indem Sie »Hahaha« oder »Hihihi« sagen. Ihre Versuche werden aber schon bald spontanes Lachen in Ihnen auslösen. Versuchen Sie es fünf Minuten lang. Lachen Sie ohne jeden Grund. Lachen Sie um des Lachens willen. Wenn Sie wollen, kann meine Lach-Kassette Ihnen dabei helfen (Bestellinformationen auf Seite 220 f.).

Wiederholen Sie das Ganze, wenn Sie zu Bett gehen, am besten kurz vor dem Einschlafen.

Anfangs bereitet es ein wenig Mühe, doch nach einer Weile ist es ganz natürlich, zu lachen. Ihr Körper hat sich daran gewöhnt und wartet geradezu darauf.

Lachen Sie unter der Dusche oder im Stau. »Hahaha.« Sobald Sie das nur laut aussprechen, beginnt sich Ihre Energie, Ihre Stimmung bereits zu wandeln. Sie können dazu auch meine Lach-Kassette nehmen.

Lachen ist eine der einfachsten Möglichkeiten, zum Nicht-Denken, zu Ihrem innersten Wesen zu finden. Es macht Sie lebendiger, gesünder, kreativer und stiller. Lachen Sie gleich als Erstes, wenn Sie morgens aufstehen. Und Lachen sollte Ihre letzte Handlung des Tages sein, bevor Sie zu Bett gehen. Es verwandelt Ihren Tag. Es verändert die Qualität Ihres Schlafes. Lachen Sie ohne Grund, über die Lächerlichkeiten Ihres Lebens, Ihres Tages, das Hin-und-Hergehetze. Es wird eine Kettenreaktion auslösen - Lachen führt zu immer mehr Lachen. Beginnen und beenden Sie jeden Tag mit einem Lachen und beobachten Sie, wie Sie lockerer werden, ernsthafter (aber weniger ernst), kreativer, jünger, mitfühlender, intuitiver, geradliniger, aufgeschlossener.

Entspannen Sie sich in der Freude und lassen Sie die Blume der Achtsamkeit in ihrer eigenen Zeit und auf ihre eigene Weise erblühen. Sie werden in sich das großartige natürliche Talent der Lebensfreude entdecken. Vielleicht erlachen Sie sich sogar Ihren Weg zur Erleuchtung. O ja, es ist wirklich so gut. Vergessen Sie nicht, jeden Tag zu lachen - viel zu lachen.

Ein Witzbuch als Gutenachtgeschichte

Diese Variante der Lach-Meditation ist besonders effektiv, wenn Sie unter starkem Stress stehen.

Legen Sie ein Witzbuch auf Ihren Nachttisch. Sitzen Sie ein paar

Minuten schweigend da, bevor Sie sich hinlegen, und atmen Sie bewusst. Beobachten Sie Ihre Gedanken und Gefühle und achten Sie darauf, wie Ihr Körper sich fühlt. Ein sanftes Lächeln während des Atmens wirkt sehr entspannend auf den Körper.

Lesen Sie zehn Minuten (oder länger) die Witze im Buch. Lächeln Sie dabei, auch wenn Sie nicht alle komisch finden; bleiben Sie amüsiert und heiter gestimmt. Sollten Sie besonders gestresst sein und überhaupt nichts komisch finden können, so verziehen Sie die Lippen zu einem Lächeln. Diese einfache Übung wird Ihnen innerlich zu großer Entspannung verhelfen. Sie werden merken, wie Ihr inneres Lächeln nach und nach aufsteigt, um das Gegenstück zu Ihrem äußeren zu bilden. Richten Sie Ihre Achtsamkeit auf die Witze, denken Sie an nichts als die Witze. Sie werden sich bald dabei ertappen, dass Sie lachen, und all Ihre Sorgen werden sich in nichts auflösen.

Sie werden in Lachen und Humor gehüllt einschlafen. Dieses Gefühl wird Sie die ganze Nacht nicht verlassen und auf die tieferen Ebenen Ihres Unterbewusstseins einwirken. Wenn Sie dies eine Weile regelmäßig gemacht haben, werden Sie morgens voller guter Laune und Zuversicht nach einem tiefen, erholsamen Schlaf erwachen und sich auf den Tag freuen. Sie werden außerdem feststellen, dass Ihr Sinn für Humor den ganzen Tag über viel näher an der Oberfläche liegt als früher.

Gründen Sie einen Lachverein

In Indien treffen sich viele Menschen morgens vor Arbeitsbeginn und lachen. Sie stehen in Bürokleidung in den geschäftigen, überfüllten Straßen und lachen. Im ganzen Land gibt es eine Vielzahl dieser Lachvereine. Warum gründen Sie nicht auch einen? Treffen Sie sich mit anderen vor Arbeitsbeginn oder in der Mittagspause. Kürzlich war Dr. Madan Kataria, Gründer und Präsident des Laughter Club International, zu Besuch in den USA und sprach im Fernsehen über die Lachvereine, die gerade bei Geschäftsleuten sehr beliebt sind (mehr Informationen hierzu im Internet: www.worldlaughtertour.com). Im Dezember 1999 fand eine All-India-Laughter-Tagung statt. Auf der Tagesordnung stand unter anderem ein Austauschprogramm: Mitglieder des Lachvereins der einen Stadt wurden vom Verein einer anderen Stadt eingeladen. Zehn Delegierte aus der einen Stadt nehmen im Wechsel die Mitglieder der anderen Stadt auf. Auf diese Weise versuchte man, durch Lachen guten Willen und ein Gefühl der Gemeinschaft herzustellen. Die Lachvereine sehen es als ihre Mission an, durch Lachen allgemein die Gesundheit zu fördern und einen Beitrag zum Weltfrieden zu leisten. Die Mitglieder vertrauen fest auf die Kraft ausgiebigen Lachens vor dem Arbeitsbeginn.

Vielleicht sollten Sie Besprechungen in Ihrem Büro damit beginnen, dass Sie am Anfang ein paar Minuten lang lachen. Dadurch könnten Sie einen Großteil der Anspannung abbauen und für gute Beziehungen, mehr Kreativität und Produktivität sorgen.

3 ☼ Frösche, die von Seerosen springen: Werden Sie zum Beobachter Ihres Geistes

Wenn ein Gedanke den anderen ablöst,
sollte die einzige Sorge sein,
an keinem von ihnen festzuhalten.
Huang Po

Ein Mann kam zum japanischen Zen-Meister Ikkyo und bat ihn um einige weise Worte, die ihn durchs Leben leiten würden. Ikkyo nickte zustimmend und schrieb auf ein Stück Papier das Wort »Achtsamkeit«. Der Mann sagte daraufhin, das verstehe er nicht, und bat um mehr. Ikkyo schrieb: »Achtsamkeit, Achtsamkeit«. Nach einer weiteren Bitte um Erläuterung schrieb Ikkyo eine letzte Feststellung für den Mann auf: »Achtsamkeit, Achtsamkeit, Achtsamkeit bedeutet Achtsamkeit.«

Der entscheidende Punkt der Meditation liegt darin, achtsam zu sein, zum Beobachter zu werden. Wenn wir eine einfache Sitzmeditation durchführen, dann setzen wir uns in bequemer Haltung mit geschlossenen Augen hin und beobachten die Energien, die ständig in uns in Bewegung sind: Gedanken, Eindrücke, Empfindungen. Wir entwickeln die Kunst, diese Ablenkungen zu beobachten und sie mit einem Gefühl der Akzeptanz vorbeiziehen zu lassen.

Wie aber erlernen wir diese Kunst? Wir beginnen damit, dass wir zum Beobachter unseres Geistes werden, uns also von unserem Verstand lösen.

Wenn Sie einen Hund beobachten, sind Sie selbst mitnichten der Hund. Wenn Sie einen Baum ansehen, so sind Sie trotzdem kein Teil des Baums. Das Gleiche gilt für den Geist. Beobachtung ist der Schlüssel. Beobachten Sie den Geist, unterdrücken Sie nichts, verhindern Sie nichts, werten Sie nicht. Schon bald werden Sie sich *depersonalisieren* und feststellen, dass Sie nicht Ihre Gedanken, Empfindungen und Gefühle sind.

Ich verwende zur Erläuterung dafür gerne das Bild eines Frosches auf einer Seerose. Wenn ein Frosch ruhig, aber sprungbereit auf dem Seerosenblatt sitzt, so ist er trotz seines völlig entspannten Körpers wach und achtsam. Der Frosch ist vollkommen im Augenblick gegenwärtig, er beobachtet die Vorkommnisse im Teich und wartet auf den richtigen Augenblick zum Sprung. Er ist keinen furchterregenden Gedanken aus der Vergangenheit oder über die Zukunft ausgeliefert. Auch verspannt er sich nicht sorgenvoll, was durchaus seine Sprungfähigkeit hemmen könnte. Er ist frei.

Diese Freiheit können wir erreichen, wenn wir unsere Gedanken, Empfindungen und Gefühle beobachten, also uns von ihnen depersonalisieren. Haben wir diese Kunst einmal erlernt, dann sind auch wir entspannt, dabei aber gleichzeitig achtsam und bereit zum Sprung – voller Kreativität und Freude, wahrhaftig gegenwärtig.

Wenn wir die Unruhe von Körper, Geist und Seele einfach nur gleichmütig und annehmend beobachten, verlangsamt sich der Fluss des Geistes mit der Zeit; wir lösen uns aus der Kontrolle unseres Verstandes und verbinden uns mit dem Herzen. Unser Herz schenkt uns größere Ausgeglichenheit und Klarheit, da es Zugang zu unserer inneren Intelligenz, Würde und Weisheit hat.

Genau dies geschieht beim Meditieren. Wir unternehmen eine Reise von der äußeren in die innere, subjektive Welt. Hier finden wir jene Aspekte unserer selbst, die wir so oft ignorieren, verdrängen oder von uns abkapseln: unsere Empfindungen, Gefühle, Seele, unser innerstes Wesen. Haben Sie Geduld, die Kunst der Beobachtung wird reiche Ernte bringen. Sie ist ein Faden der Achtsamkeit, den wir in das Tuch unseres Alltagslebens einweben.

Versuchen Sie einmal Folgendes: Bewegen Sie die rechte Hand, ohne ihr die geringste Aufmerksamkeit zu schenken. Nun bewegen Sie die Hand noch einmal und beobachten diesmal die gesamte Bewegung von *innen*. Erkennen Sie, wie unterschiedlich die beiden Bewegungen sind? Sie sind qualitativ und von Grund auf verschieden. Die erste Bewegung ist mechanisch, roboterhaft. Die zweite ist bewusst. Sind Sie achtsam, so fühlen Sie die Hand von innen. Handeln Sie ohne Bewusstsein, so kennen Sie Ihre Hand nur äußerlich.

Das soll nicht heißen, dass die Meditation sich gegen den Verstand richtet. Sie geht über ihn hinaus. Der Verstand ist unsere Brücke vom Unbewussten zum Bewussten, unsere Ausdrucksmöglichkeit in der äußeren Welt. Seien Sie dankbar dafür. Finden Sie Wege, die Einsichten, das Verständnis und die Kreativität zu würdigen, die Ihnen Ihr Verstand ermöglicht. Er ist nicht Ihr Feind, sondern Ihr Freund.

Mit der Zeit vertieft sich diese Freundschaft mit Ihrem Verstand und er wird Ihre Meditation nicht mehr stören. Sie kämpfen nicht gegen ihn, sondern lassen die Gedanken einfach vorüberziehen. Vor diesem Hintergrund, in diesem Boden erblühen die Rosen der Meditation. Wenn wir Freundschaft mit dem Verstand schließen und ihm erlauben, sich auf seinen natürlichen Platz im Hintergrund zurückzuziehen, so werden unsere Fähigkeiten wie Entspannung, Humor, Mitgefühl, Achtsamkeit und Selbstachtung aufblühen.

Ob Sie gehen, sitzen oder essen, bemühen Sie sich, achtsam zu sein. Wenn Sie nichts tun, einfach nur atmen, ausruhen, im Gras entspannen, so versuchen Sie, die Achtsamkeit in sich zu wecken, dass Sie Beobachter sind. Natürlich werden Sie es wieder und wieder vergessen. Sie werden in Gedanken, Empfindungen, Gefühle verstrickt – alles wird es darauf anlegen, Sie von der Beobachtung abzulenken. Erinnern Sie sich einfach wieder daran und kehren Sie zu Ihrer Mitte der Beobachtung zurück.

Sie werden überrascht sein, wie sehr sich Ihr Leben verändert, wenn Sie diesen inneren Prozess dauerhaft aufrechterhalten. Sobald wir den Ort des Beobachters oder auch des Zeugen erreicht haben, sehen wir uns selbst klarer und objektiver. Wir betrachten die Dramen unseres Lebens mit Perspektive und Mitgefühl. Daraus erwachsen ganz natürlich Einsichten und Verständnis.

Der Verstand und das Ich würden dies alles gerne komplizierter machen. Aber das ist es nicht. Der Verstand möchte ständig die Kontrolle haben. Er ist ein Techniker, sein Gebiet ist die Technik. Achtsamkeit aber liegt außerhalb seiner Kontrolle. Sie geht darüber hinaus, steht über ihm und vermag seiner Gewalt über uns sogar den Todesstoß zu versetzen.

Marias Geschichte

Einmal an einem Frühlingsabend suchte Maria mich zu einer Meditationsberatung auf. Sie nahm an meinen Meditationskursen bereits seit einigen Monaten teil. Als Sie bei mir eintraf, steckte sie offensichtlich voller Spannungen, Aggressivität und Frustration, die sich während ihres Arbeitstages als Kundenberaterin einer großen Werbeagentur aufgestaut hatten. Sie ähnelte einer Orkanfront, die jeden Moment ausbricht. Ich schlug vor, mit 15 Minuten Gibberisch-Meditation zu beginnen und danach 15 Minuten schweigend dazusitzen. Sie stimmte bereitwillig zu. Nachdem sie den aufgestauten geistigen, körperlichen und emotionalen Druck durch die Gibberisch-Meditation losgelassen hatte, setzten wir uns gemeinsam hin, schlossen die Augen und beobachteten, was sich in unserem Innern abspielte. Als wir die Gedanken unseres Verstandes gleichmütig vorüberziehen ließen, das Kommen und Gehen von Gefühlen und Empfindungen beobachteten, entspannten sich unsere Körper und wir glitten in eine tiefe Stille.

Als wir hinterher über das Meditieren sprechen wollten, begann Maria zunächst zu lachen. Es vergingen einige Augenblicke, bis sie mit mir über Meditationen sprechen konnte. Maria lachte über sich selbst. Als sie sich schweigend beobachtet hatte, war ihr bewusst geworden, dass ihre hektische Lebensweise sehr viel Stress erzeugte. Sie erkannte, dass der Verstand ihr einen zermürbenden Terminplan aufdrängte und sie unablässig in der besorgten Anspannung hielt, noch mehr Abschlüsse zu erzielen, ja nicht unter ihre monatliche Quote zu fallen, sich gut mit ihrem Chef zu stellen. Ihre Abende waren mit gesellschaftlichen Aktivitäten verplant: Theaterbesuche, Einladungen zum Essen, Computerkurse. Sie lebte in einem Irrsinnstempo, war dauernd erschöpft und gestresst.

In diesem magischen Augenblick erkannte Maria die erheiternde Seite daran. Nachdem sie die ganze Spannung abgeschüttelt hatte, war sie nicht länger »direkt betroffen«. Die Beobachtung hatte ihr geholfen, Abstand von den Befehlen ihres Verstandes zu gewinnen. Sie war nun in der Lage, einen Schritt zurückzutreten, ihre Arbeitswoche objektiv zu betrachten und zu erkennen, wie verrückt sie das alles machte. Diese Einsicht erleichterte sie derartig, dass sie in Gelächter ausbrach, was natürlich noch mehr Spannungen löste. Sie begriff, dass sie nicht ihr Verstand war. Sie konnte wieder die Kontrolle über ihr Leben ausüben. Als sie der Meditation Raum gab, lernte sie zu sehen, was ihr Verstand tat. Schließlich vermochte sie einige ihrer stresserzeugenden Gewohnheiten loszulassen und schuf sich mehr Freiraum für Entspannung und Freude.

Kämpfen Sie nicht, beobachten Sie nur

Gerade zu Beginn Ihrer Meditationsübungen werden sich Gedanken einstellen. Sie werden Sie aus allen Richtungen einkreisen. Sie sind wie Wolken, die den blauen Himmel überziehen. Sie summen wie ein Schwarm Bienen und verhindern, dass wir klar sehen. Nehmen die Gedanken überhand, so beginnen wir instinktiv mit ihnen zu ringen.

Kämpfen Sie einmal mit Ihrem Schatten. Sie werden verlieren. Nicht weil Ihr Schatten stärker, sondern weil er *nicht* ist. Und wie kann man gegen etwas gewinnen, das nicht ist? Gedanken sind Schatten. Kämpfen Sie, dann verlieren Sie.

Wahrheit in sich zu erkennen,
Nur für einen Atemzug,
Ist kostbarer als der Besitz
Aller Himmel, aller Welten.
Rumi

Sie müssen Beobachter, Zeuge bleiben. Beobachten Sie Ihre Gedanken einfach nur, absolut ruhig und still. Lassen Sie sie kommen, gehen, lassen Sie sie entstehen, vergehen. Stellen Sie lediglich fest: Der Gedanke kommt, der Gedanke ist da, der Gedanke geht – und eines Tages fallen Ihnen die Lücken zwischen den Gedanken auf. Mit der Zeit werden die Gedanken kleiner, die Lücken größer.

Musik kann uns helfen, diesen Vorgang besser zu verstehen und die Abstände zwischen den Worten wahrzunehmen. Zwischen den Noten existieren Räume der Stille. Es sind diese Zwischenräume der Stille, die eine Note von der anderen unterscheiden, genauso wie zwischen den Gedanken Räume der Stille existieren. Pablo Casals sagt dazu: »Das Wichtigste in der Musik sind *nicht* die Noten.«

Hören Sie Musik, die nicht zum Bersten mit Noten gefüllt

ist. Mir gefallen die *ZeNotes* von Shastro und Nadama ganz besonders gut (Bestellinformationen für die CD finden Sie auf Seite 220 f.). Setzen Sie sich und schließen Sie die Augen. Wenn Sie die Musik hören, dann nehmen Sie die Noten wahr und richten Sie ihre Achtsamkeit anschließend auf die Lücken zwischen ihnen. Sie werden dies zutiefst entspannend finden und als Aufforderung verstehen, Ihre innere Stille bewusster wahrzunehmen.

Die Feststellung, dass Sie nicht Ihr Verstand sind, kann Ihnen ein außerordentliches Gefühl der Befreiung vermitteln. Sie verspüren keine Furcht mehr. Sie sind unbefangen, in einem tief reichenden Zustand des Loslassens. Sie wissen, dass Sie sich von Ihrem Verstand lösen können, um sich in Ihre innere Oase des Friedens und der Stille fallen zu lassen.

Achten Sie darauf, was Sie sich in den Kopf setzen

Vergessen Sie auch nicht, darüber nachzudenken, was Sie sich in den Kopf setzen. Ein Jahr vor dem Millenniumswechsel erzählte mir ein Freund ständig, was für eine Katastrophe sich seiner Meinung nach anbahnen würde. Die Wirklichkeit sah ganz anders aus, als er befürchtet hatte. Lässt man einen Gedanken zu, beschäftigt sich der Verstand ständig damit, steigert sich womöglich noch in den Gedanken hinein. Es liegt an Ihnen, ob Sie dem nachgeben.

Natürlich sollen Sie jetzt nicht den Kopf in den Sand stecken und die Realität außer Acht lassen. Schaffen Sie ein Gleichgewicht und denken Sie daran, Ihren Verstand auch an schönen Dingen teilhaben zu lassen. Beobachten Sie in Zukunft während der Meditation Ihren Verstand, so nehmen Sie zumindest mehr positive Gedanken wahr.

Schmücken Sie Ihren Verstand, wie Sie Ihren Körper schmücken würden. Sie halten Ihren Körper sauber, erfrischen ihn mit angenehmen Düften, weil Sie möchten, dass andere Ihren Körper respektieren und lieben. Schmücken Sie Ihren Verstand genauso mit großer Kunst, Lyrik, Musik, Literatur. Auf diese Weise besitzt er seine eigene Musik und Poesie. Außerdem wird es Ihnen auf diese Weise viel leichter fallen, einen anderen Bewusstseinszustand zu erreichen.

So füllte der englische Dichter William Wordsworth im 19. Jahrhundert mit seinem Gedicht »Wie einsam über Berg und Tal«* seinen Geist mit der Vision von Narzissen. Als er sich später in meditativer Stimmung befindet, wiederholt sich dieses Vergnügen:

Da sah ich jäh vor mir ein Reich
Von goldenen Narzissen liegen.
Am See auf waldgesäumter Wiese
Wogten im Tanz sie in der Brise.

Wie nachts am Firmament der Schein
Sich flimmernd dehnt zu ferner Flucht,
Erstreckten endlos ihre Reih'n
Sich am Gestade einer Bucht.
Zehntausend warn's auf einen Blick,
Keck werfen sie den Kopf zurück.

Die Wellen tanzten mit, doch sie
War'n heit'rer als der Wellen Glanz.
Ein solches Bild von Harmonie
Füllt eines Dichters Seele ganz.
Ich sah und sah, kaum dass ich dachte,
Wie reich mich dieser Anblick machte.

---

* hier abgedruckt in der Übersetzung von Wolfgang Breitwieser

Oft, wenn auf meiner Couch ich ruh',
In heit'rer oder trüber Zeit,
Blitzt mir ihr Bild von innen zu,
Beseligt meine Einsamkeit.
Dann jauchzt mein Herz, neu hingerissen,
Und tanzt vergnügt mit den Narzissen.

Beobachtungsmeditationen

Die folgenden Techniken sind eine große Hilfe, um das Beobachten zu erlernen. Dazu gehört die fortgeschrittene, klassische Vipassana-Übung des Stillsitzens. Außerdem können Sie die Gibberisch- (Seite 55), Osho-Dynamik- (Seite 58), Lach- (Seite 80) und die Mystische-Rosen-Meditation (Seite 172) ausprobieren. Sie werden Ihnen helfen, einen Teil des geistigen Übergewichts abzuschütteln, um den gegenwärtigen Augenblick besser genießen zu können.

Die 30-Sekunden-Pausen-Übung

Diese Übung hat den Vorteil, dass sie Ihnen beinahe umgehend zu Achtsamkeit und Entspannung verhilft. Wenn Sie diese Übung regelmäßig durchführen, wird sich nach und nach ganz unaufdringlich entspannte Achtsamkeit in Ihrem Tag ausbreiten. Allein das Wissen, dass Sie diesen entspannten Zustand jederzeit erreichen können, wird Ihnen das Gefühl vermitteln, mehr Kontrolle über Ihr Leben zu haben und in engerem Kontakt mit sich selbst zu stehen. Es ist ein großartiges Werkzeug, um sich inmitten eines geschäftigen Tages ein wenig Ruhe zu verschaffen.

Es ist wirklich ganz einfach. Unabhängig davon, was Sie gerade tun - ob Sie eine Straße entlanggehen, Wäsche zusammenlegen oder im Büro arbeiten -, halten Sie, sobald Sie sich gestresst fühlen, einfach inne. O ja, hören Sie sofort mit dem, was Sie tun, auf, auf der Stelle. Erstarren Sie.

Es ist leicht, sich selbst in den Tagesaktivitäten zu verlieren. Diese Technik erinnert uns daran. Wenn Sie plötzlich »Stopp!« sagen können und der Körper gänzlich stillsteht, dann wird auch Ihr Verstand überrascht innehalten. Und in diesen Sekundenbruchteilen, in denen Ihr Verstand stillsteht, werden Sie wie von einer Rakete geschossen zu Ihrer Mitte vordringen. Es ist wirklich ein Wunder. Nach und nach wird es zur Gewohnheit, innezuhalten, sich zu erinnern. Und Sie werden Ihre Mitte immer klarer erkennen.

Seien Sie 30 Sekunden lang einfach gegenwärtig in dem, was gerade geschieht. Atmen Sie? Wie geht es Ihrem Körper? Wo ist der Verstand? Wo sind Sie? In der Gegenwart? Der Vergangenheit? Der Zukunft? Sehen Sie zu, beobachten Sie, nehmen Sie wahr, ohne zu werten. Dann bewegen Sie sich wieder.

Sie können diese Übung allein oder mit einem Freund durchführen. Bitten Sie Ihren Freund, Sie während eines Spaziergangs mit einer 30-Sekunden-Pause zu überraschen. Oder überraschen Sie sich selbst - bei der Arbeit, im Bus, im Supermarkt, im Fahrstuhl, beim Abwasch. Beachten Sie nur, dass es plötzlich geschehen muss.

Versuchen Sie, die Übung nicht im Voraus zu planen. Bemühen Sie sich, nicht daran zu denken: »Jetzt werde ich mich in meine Mitte begeben und etwas Wunderbares erleben.« Das Unerwartete kann man nicht planen. Halten Sie einfach unvermittelt an, warten Sie, seien Sie im Hier und Jetzt gegenwärtig und warten Sie ab, was dann geschieht.

Vipassana

Eine der besten Techniken, zum Beobachter des Verstandes zu werden, ist Vipassana. Vipassana ist eine traditionelle buddhistische Meditation. Sie wurde vor 2 500 Jahren von Gautama Buddha entwickelt. Bei dieser Meditation sitzt man mit geschlossenen Augen da und richtet die Achtsamkeit auf die Atmung - auf das Strömen der Luft durch die Nase oder das Heben und Senken des Bauches. Man beobachtet einfach, was immer auch geschieht.

Durch Vipassana vermögen wir die wahre Natur der Realität als Prozess immer währender Veränderung zu erkennen. Dadurch nehmen wir alle Aspekte des Lebens - Freude und Leid, Furcht und Vergnügen - mit zunehmender Gelassenheit an. Geerdet im gegenwärtigen Augenblick, führt uns die ausgeglichene Achtsamkeit zu tiefer Stille, die uns ein wachsendes Verständnis für die Natur des Lebens schenkt. Aus dieser Einsicht heraus werden Weisheit und Mitgefühl wahrhaftig möglich.

Eine einfache einstündige Übung, die ich sehr schätze, besteht aus zwei Phasen: In der ersten sitze ich für eine Dreiviertelstunde ruhig da. Phase zwei umfasst 15 Minuten Zen-Gehen. Sie können am Anfang damit beginnen, erst einmal zehn oder 15 Minuten dazusitzen und danach einige Minuten zu gehen. Wenn Sie sich daran gewöhnt haben, verlängern Sie die Zeit langsam auf eine Stunde. Merken Sie, dass Sie nicht still sitzen können, so führen Sie vorher eine der Bewegungsmeditationen aus. Sie können auch joggen oder ins Fitnesscenter gehen und sich danach erst hinsetzen.

Phase eins: Sitzen

Suchen Sie sich einen Platz zum Sitzen. Es muss kein ruhiger Ort sein. Experimentieren Sie, bis Sie eine Situation gefunden haben, in der Sie sich entspannt fühlen. Manchmal hilft ein Stuhl oder eine Meditationsbank, vielleicht tun es auch ein paar Kissen. Sitzen Sie gerade, halten Sie Rücken und Kopf aufrecht, aber nicht stocksteif. Schließen Sie die Augen und halten Sie Ihren Körper so ruhig wie möglich. Müssen Sie während der Sitzung einen Körperteil bewegen, so tun Sie dies langsam und mit Achtsamkeit. Sagen Sie dabei zu sich: »Genau jetzt bewege ich meinen Arm.« Oder: »Genau jetzt strecke ich meine Beine aus.« (Denken Sie daran, dass es beim Meditieren kein Richtig oder Falsch gibt. Sie sollen sich nicht foltern, sondern Ihre Achtsamkeit auf das Geschehen lenken.)

Vipassana kann auf drei Arten ausgeführt werden. Probieren Sie alle drei aus und wählen Sie die, mit der Sie am besten zurechtkommen.

Die erste Vipassana-Technik beinhaltet Achtsamkeit gegenüber Ihren Handlungen, Ihrem Körper, Ihrem Verstand, Ihrem Herzen. Buddha sagte einst, es gebe drei, heute als klassisch bezeichnete Wege des Leidens: durch Anhaften, durch Abneigung und durch das Verlangen nach Klarheit, wenn der Geist verwirrt ist. Diese Übung lehrt uns, das Leben anzunehmen.

Beginnt Ihr Bein während der Sitzung einzuschlafen, so bewegen Sie es achtsam in eine bequemere Stellung in dem Wissen, dass Sie Ihr Bein in diesem Augenblick bewegen. Was für Gedanken auch immer über die Leinwand Ihres Verstandes flimmern, seien Sie nur Beobachter. Halten Sie nichts fest, lehnen Sie nichts ab; nehmen Sie einfach an. Was für Gefühle sich auch über die Leinwand Ihres Herzens bewegen, bleiben Sie lediglich Zeuge - lassen Sie sich nicht auf sie ein, identifizieren Sie sich nicht mit ihnen, bewerten Sie sie nicht als gut oder schlecht. Verweilen Sie einfach in wachsamer, wacher Achtsamkeit, die sich nicht mit Inhalten aufhält und auf kein bestimmtes Objekt gerichtet ist.

Auf diese Weise soll urteilsfreie Achtsamkeit erreicht werden. Seien Sie nur Zeuge, wie ein Wissenschaftler, der Daten beobachtet, ohne sie zu bewerten. Denken Sie nicht: »Ich bin traurig«, sondern sagen Sie: »Um mich herum existiert Trauer, um mich herum existiert Freude.« Beobachten Sie Ihre Gefühle und Stimmungen. Sie sind der Wächter auf dem Hügel und alles andere findet unten im Tal statt. Betrachten Sie alles, was vor sich geht, wie Wolken, die am Himmel an Ihnen vorüberziehen. Sie halten weder an etwas fest, noch lehnen Sie etwas ab.

In der zweiten Übung werden Sie sich Ihrer Atmung bewusst. Es gibt keine spezielle Atemtechnik, die natürliche, ganz normale Atmung ist in Ordnung. Wenn Sie einatmen, hebt sich Ihr Bauch, beim Ausatmen senkt er sich wieder. Werden Sie sich Ihres Bauches bewusst, seines Hebens und Senkens - nur des Hebens und Senkens

Ihres Bauches ... Er ist die wahre Lebensenergie, die Quelle des Lebens, die sich mit jedem Atemzug hebt und senkt.

Je mehr Sie Ihres Bauches gewahr werden, desto stiller wird Ihr Verstand. Ihr Herz wird ruhiger, Gemütsstimmungen verschwinden. Während die erste Technik drei Phasen vorsieht, um sich des Körpers, des Verstandes sowie der Gefühle und Stimmungen bewusst zu werden, kommt diese Technik mit nur einem Schritt aus. Sie ist deshalb etwas leichter. Spüren Sie einfach nur, wie Ihr Bauch sich hebt und senkt. Vielen Frauen ist diese Technik am liebsten.

Bei der dritten Technik geht es um die Wahrnehmung der ein- und ausströmenden Luft durch die Nase. Anders als bei der wärmenden Bauchatem-Übung, bringt diese Technik eine gewisse Kühle. Männer ziehen sie daher oft vor, da sie mit diesem Gefühl vertrauter sind. Spüren Sie nur den Atemhauch durch Ihre Nase einströmen und ausströmen, einströmen, ausströmen ...

Nachdem Sie alle drei Techniken ausprobiert haben, werden Sie vielleicht feststellen, dass Sie eine besonders bevorzugen oder zwei kombinieren möchten. Vielleicht sagt Ihnen sogar die Kombination aller drei zu. Was immer sich gut anfühlt. Denken Sie daran, gut ist richtig.

Phase zwei: Zen-Gehen

Nach der ersten sitzenden Phase möchten Sie vielleicht weitermachen und 15 Minuten mit Zen-Gehen verbringen. Das langsame, normale Gehen dieser Phase schließt die Achtsamkeit dafür mit ein, wie Ihre Füße den Boden berühren. Während Sie gehen, sollte Ihre Aufmerksamkeit auf jede Berührung Ihrer Füße mit dem Boden gerichtet sein. Senken Sie den Blick, sodass Sie nur noch den Boden unmittelbar vor Ihren Füßen sehen. Achten Sie auch auf die Bewegungen Ihres Körpers.

Während Sie sich in die Meditation vertiefen, verstummt Ihr Verstand und Ihr Ich verschwindet. Natürlich sind Sie immer noch da, aber ohne das Gefühl eines »Ich«. Sie haben die Türen geöffnet und warten nun mit Ihrem liebenden, vertrauenden Herzen auf den Moment der Stille, der Freude, der Gelassenheit.

Seien Sie dabei nicht zu ernst. Es ist nicht vorgesehen, dass etwas Außergewöhnliches geschieht. Es gibt nichts zu durchschauen, nichts zu analysieren, keinen Erfolg oder Fehlschlag. Sie lassen lediglich zu, sich etwas weniger mit Ihrem Körper, Ihrem Verstand, Ihren Gefühlen und Ihrer Umgebung zu identifizieren. Das schenkt Ihnen Raum für Einsichten und Verständnis.

Denken Sie daran, *den Verstand vorüberziehen zu lassen*. Das sind die fünf Schlüsselworte zur Beobachtung des Verstandes. Sie sollen sich nicht konzentrieren, denn Konzentration verursacht Anspannung. Erzwingen Sie nichts, versuchen Sie nicht, Ihren Verstand anzuhalten, kämpfen Sie nicht gegen Ihren Verstand. Lassen Sie seine Geschäftigkeit an sich vorüberziehen. Sie sind nur Beobachter, schauen zu, depersonalisiert und urteilsfrei, und akzeptieren das Vorüberziehende, so als säßen Sie hoch auf einer Bergspitze und betrachteten das Leben, das an Ihnen vorbeizieht - ohne Verhaftetsein, ohne Beteiligung. Auf diese Weise gelangen Sie zu Ihrem innersten Wesen.

Zur Erinnerung

Hier finden Sie einige Ratschläge, wie Sie Ihre Fähigkeiten als Beobachter schulen und die Störgeräusche des täglichen Lebens reduzieren können.

1 ✹ *Vermeiden Sie angsteinflößende Filme oder Fernsehsendungen.*

Der Verstand ist ohnehin von Angst geplagt. Sie wollen sicherlich nicht noch zusätzlich Öl ins Feuer gießen. Wählen Sie stattdessen Geschichten, die das Herz erwärmen, die Sie inspirieren, aufmuntern, erheitern.

2 ✲ *Spazieren Sie die Straße hinunter, um sich an sich selber zu erinnern.*

Erinnern Sie sich daran, Beobachter zu sein. Sie betrachten Ihre Gedanken ohne Wertung. Ouspensky, ein Schüler des russischen Mystikers Gurdjieff, unternahm selbst diesen Versuch. Erschreckt stellte er fest, dass er nicht einmal die Straße hinabgehen konnte, ohne sich in seinen Gedanken zu verstricken. Geben Sie nicht auf, mit der Zeit wird es einfacher.

3 ✲ *Stellen Sie sich vor, Sie seien ein Berg.*

Sehen Sie sich selbst ruhig, gefestigt in Ihrer Mitte, losgelöst von dem sich verändernden Wetter, das um Sie herum tobt. Es mag stürmen, sonnig und klar, eiskalt sein oder heftig regnen. Der Berg bleibt unbewegt, unberührt, fest, geerdet in sich selbst.

4 ✲ *Betrachten Sie den Verstand wie ein Bildschirm.*

Sehen Sie sich die unterschiedlichen Sendungen an, die Ihr Verstand über den Schirm schickt. Denken Sie daran, dass Sie Beobachter sind, losgelöst, entspannt. Sie sind der Meister, haben alles unter Kontrolle, sind ruhig, zentriert, sehen alles objektiv und klar.

5 ✲ *Üben Sie das Nichts-Tun.*

Die Kunst, still zu sitzen, nichts zu tun, einfach zu beobachten, ist das Wesen der Meditation. Nichts-Tun ist allerdings nicht so einfach, wie man meinen möchte. Wenn wir im Büro hart arbeiten, träumen wir davon, zu faulenzen. Der Wunsch nach

Untätigkeit ist für die meisten von uns aber nicht von Dauer. Wir sind schnell gelangweilt, unruhig, nervös, benötigen Ablenkung. Wir schalten den Fernseher ein, gehen zu einem Fußballspiel, arbeiten im Garten, fahren Rad, gehen ins Kino, rufen Freunde an, veranstalten einen Kaffeeklatsch.

Es scheint, als müsse Müßiggang nach unserer Vorstellung etwas höchst Aktives sein, als sei das Letzte, was wir uns wünschen, das Nichts-Tun. Das liegt daran, dass die innere Betriebsamkeit sich in unser Bewusstsein drängt, sobald die äußere Aktivität sich legt. Setzen wir uns hin und tun nichts, so sind uns normalerweise weder Ruhe noch Frieden vergönnt. Stattdessen sind wir überrascht und enttäuscht darüber, wie geschäftig und laut es in unserem Kopf zugeht. Wir sind verwirrt. Wir können uns des Eindrucks nicht erwehren, dass noch nie so viele Gedanken auf uns einstürmten wie ausgerechnet in diesem Augenblick. Diese Gedanken waren schon immer da, wir sind uns ihrer nur nie bewusst geworden. Wir haben uns an diesen ständigen gedanklichen Stoßverkehr gewöhnt.

Bemühen Sie sich, jeden Tag etwas Zeit zum Nichts-Tun zu finden. Am Anfang reichen fünf Minuten völlig aus. Versuchen Sie, in dieser Zeit die Betriebsamkeit Ihres Verstandes zu beobachten.

4 Äpfel und Birnen: Üben Sie Gleichmut

Eine Mutter steht in einer langen Schlange an der Kasse eines gut besuchten Supermarktes. Ihre fünfjährige Tochter beginnt das Warten in der Schlange zu langweilen. Sie ist überdreht und fällt anderen Menschen damit auf die Nerven, vor allem einer gebrechlichen älteren Dame. Ständig wiederholt sie die wenigen Zeilen eines Liedes, das sie erst kürzlich gelernt hat. Sie hüpft auf und ab, tobt um den Einkaufswagen herum und ist den Leuten im Weg. Die Mutter steht gelassen hinter ihrem Einkaufswagen und ruft ihre Tochter in keiner Weise zur Ordnung.

Die Frau vor ihnen wird immer gereizter, wendet sich schließlich zur Mutter und fragt ärgerlich: »Warum lassen Sie Ihrer Tochter ein derartiges Benehmen durchgehen? Können Sie nicht endlich ein Machtwort sprechen?«

Die Mutter antwortet daraufhin: »Ihr Vater ist vor kurzem gestorben. Sie macht gerade sehr viel durch. Ihr Trauer-Therapeut hat mir erklärt, dass sie ihre Wut über den Verlust so lange austoben wird, bis sie das Ereignis verarbeitet hat.«

Die alte Frau merkt, dass sie vorschnell ein Urteil gefällt hat, ohne die dahinter stehende Geschichte zu kennen. Voller Mitgefühl für das Mädchen und deren Mutter möchte sie wissen, ob sie helfen kann.

Ihr von Ärger geprägtes Urteil verwandelt sich in Mitgefühl, als sie die ganze Geschichte erfährt.

Genau wie diese verärgerte Kundin fällen wir im Laufe unseres geschäftigen Tages viele Urteile dieser Art. Blickt jemand mürrisch drein, drängelt sich in den Fahrstuhl oder fährt zu schnell, so möchten wir ihn gerne in eine Schublade stecken: Das ist gut, das ist schlecht; das ist richtig, das ist falsch. Unser Verstand ist unbedacht, voreilig und nur zu gerne bereit, vorschnell Schlüsse zu ziehen und Urteile zu fällen. Aber wissen wir denn, wodurch das Verhalten anderer Menschen bestimmt wird? Vielleicht sind sie auf dem Weg zum Begräbnis ihres Vaters oder zur Notaufnahme, in die ihre Tochter nach einem Unfall eingeliefert wurde. *Wir wissen es nicht.*

Wenn wir üben, unseren Verstand während der Meditation zu beobachten, beginnen wir auch auf unsere Wertungen zu achten. Treffen wir auf solche Werturteile, so können wir sie annehmen und danach loslassen. Gleichmut bedeutet, das Leben zu akzeptieren, wie es ist. Wir begeben uns über die Schwarzweißmalerei des Verstandes hinaus zu einem Ort der Entspannung und inneren Stille.

Wenn wir eine Wertung vornehmen, schneiden wir uns von der Welt ab. Wir verlieren unsere Empfindsamkeit, wir schrumpfen, verschließen uns. Durch Selbstbeobachtung breitet sich nach und nach eine Achtsamkeit aus, die uns für bislang ungeahnte Möglichkeiten offen hält. Dann lassen wir dem Leben Handlungsspielraum in unserem Alltag. Wir werden liebevoller.

Der Verstand bewegt sich, wie ein Zug mit vielen Abteilen, linear von einem Augenblick zum nächsten. Er möchte jeden Menschen und jede Situation in ein Abteil stecken. Wenn wir uns von unseren Urteilen lösen, können wir den Zug verlassen und am Leben *teilhaben.* Wir können eine Tasse Tee trinken, mit dem Schaffner scherzen, einen Fahrradausflug unternehmen, den zarten Duft einer Rose einatmen, unter einem Laubdach Zuflucht suchen, dem Lied der Lerche am Himmel lauschen.

Das Leben ist immer ursprünglich, neu. Es verläuft vertikal. Jeder Augenblick kann in die Höhe streben oder in die Tiefe fallen. Es ist ein stetiger Prozess, wie ein Fluss, der zum Meer fließt. Unser Bewusstsein ist ebenso vertikal. Es gibt keine Zukunft, keine Vergangenheit. Jeder Augenblick wird neu geboren. Entweder Sie genießen oder Sie verpassen ihn. Der Sonnenuntergang, den Sie anschauen, ist jeden Abend neu. Er gleicht nie dem des vorherigen Abends. Versuchen Sie es einmal. Schauen Sie sich eine Woche lang jeden Abend den Sonnenuntergang an. Jeder Abend wird Ihnen einen einmaligen Sonnenuntergang bescheren.

Wenn wir werten, identifizieren wir uns mit dem Linearen, mit dem Zug. Wir stecken Menschen, Ereignisse und Situationen in Abteile. Dieses Verhalten ist eine Angewohnheit. In dem Augenblick, da etwas ist, beurteilen wir es auch schon. Das ist eine schöne Blume. Das ist ein hässliches Haus. Um ein Urteil fällen zu können, brauchen wir die Vergangenheit. Um »Dieses Gesicht ist schön« sagen zu können, brauchen wir eine Vergleichsmöglichkeit, ein verschwommenes Bild der Vergangenheit, eine gewachsene Vorstellung davon, was ein schönes Gesicht ist.

Lassen wir die Vergangenheit außen vor, wenn wir das Gesicht von jemandem ansehen, wenn wir nicht von unserem Verstand bestimmt werden, sondern einfach nur schauen, dann nehmen wir tiefen Anteil an diesem Gesicht, dieser Person, diesem Geheimnis im Hier und Jetzt. In diesem Augenblick ist dieser Mensch weder hässlich noch schön. All unsere Urteile verschwinden. Gegensatzpaare wie: gut – böse, dick – dünn, klein – groß hören auf zu existieren. Nur Energien treffen aufeinander, verschmelzen miteinander. Teilnahme. Das ist Gleichmut.

Schon Heraklit sagte: »Man kann nicht zweimal in denselben Fluss steigen.« Ebenso wenig trifft man zweimal auf denselben Menschen, denn wir sind wie der Fluss, wir strömen immer weiter. Wir wissen nie, was als Nächstes geschehen wird.

Betrachten Sie voller Gleichmut eine Blume und unvermutet wird sich Ihnen das Herz der Blume öffnen. Sie lädt Sie ein, die Freude am Sein mit ihr zu teilen. Der englische Dichter William Blake schrieb dazu: »Energie ist Entzücken. Es existiert kein anderes Entzücken. Die pure Lebenskraft, die reine Energie des Seins ist Entzücken, Glückseligkeit.«

Versuchen Sie es einmal mit folgender Übung: Setzen Sie sich einem Freund gegenüber. Schließen Sie beide die Augen. Sitzen Sie einfach da und warten Sie. Öffnen Sie Ihre Augen erst, wenn Sie Ihren Freund wertungsfrei ansehen können. Sitzen und warten Sie, bis Ihr Herz vor Liebe für den Freund überläuft, sodass alle Urteile, gute wie schlechte, verschwinden. Bis nur noch das Gefühl des reinen Gewahrwerdens mit Ihrem Freund existiert. Lassen Sie sich auf dieses Gefühl des Teilhabens ein, erspüren Sie das Geheimnis, das Ihr Freund darstellt. Werden Sie sich all der Dinge bewusst, die Sie über Ihren Freund nicht wissen. Lenken Sie Ihre Achtsamkeit auf die Freude, die Ihnen die Freundschaft bereitet, auf die Freude, diese Augenblicke teilen zu können. Diese Energie zwischen Ihnen ist wahres Entzücken.

Urteile und Vergleiche haben durchaus einen Sinn. Wenn wir nach einer günstigen Hypothek suchen, ein neues Auto oder ein Frühstücksmüsli kaufen, dann ist die Fähigkeit des Verstandes, zu vergleichen und zu werten, sehr hilfreich. Aber Menschen sind weder Autos noch Häuser. Wir sind keine miteinander vergleichbaren Pauschalangebote.

Wie soll man eine Rose mit einer Tulpe vergleichen? Oder eine Pappel dafür verurteilen, dass sie einer Eiche so wenig ähnelt? Einige von uns essen lieber Mango als Ananas. Das bedeutet aber noch lange nicht, dass mit der armen Ananas etwas nicht stimmt. Sie ist nur anders. Niemand von uns ist besser als der andere, nur weil einige von uns schüchtern sind, groß oder mollig, Juden oder Asiaten, Rechtshänder oder sommersprossig. Je mehr sich die Menschen annehmen, wie sie sind, desto mehr entfalten sie sich. Die britische Aristokratin Edith Sitwell sagte dazu einmal sehr treffend: »Welchen Grund sollte ein Windhund haben, sich als Pekinese auszugeben?«

Unsere Urteile haben nicht nur Folgen für andere, auch wir sind von deren Wertungen betroffen. Wir Frauen wissen zum Beispiel, dass die Gesellschaft von uns verlangt, einem gewissen Ideal zu entsprechen. Wir sollen schlank aussehen. Wir werden nach unserem Beruf beurteilt. Ein Rechtsanwalt ist angesehener als ein Koch. Finanzberater zu sein macht mehr her als Müllmann. Und wir verinnerlichen diese Urteile.

Im Laufe der Jahre neigen wir oftmals dazu, uns selbst immer kritischer zu beurteilen. Diese unablässige Selbstbewertung hat die gleichen Auswirkungen auf uns wie die ständige Bewertung durch andere. Wir fühlen uns schlecht, wir ziehen uns zurück, werden ängstlich.

Susans Geschichte

Seit ihr Freund einmal gesagt hatte, dass ihre Taille etwas rundlich geworden sei, war Susan besessen davon, schlanker zu werden. Für sie war seine Bemerkung über ihre Taille ein Indiz dafür, dass etwas mit ihr nicht in Ordnung sei. Sie war geradezu verzweifelt bemüht, diesen Fehler zu beheben.

Durch die Meditation lernte sie, die Wertungen ihres Verstandes zu beobachten und sich von ihnen zu trennen. Danach war sie in der Lage, sich mit mehr Liebe und Mitgefühl zu betrachten. Um schlanker zu werden, hatte sie zermürbende Diäten und sportliche Aktivitäten auf sich genommen, die ihren Körper unter Stress setzten. Sie lernte, dies einzusehen und Verständnis zu entwickeln. Sie erkannte, dass sie sich selbst lieben konnte, sobald sie sich von der Wirkung der Beurteilungen befreit hatte. Und sie akzeptierte, dass auch ihr Freund sie liebte, ungeachtet dessen, ob sie fülliger geworden war oder nicht. Seine Bemerkung bedeutete nicht, dass er sie nicht liebte oder dass sie sich nicht selber lieben konnte. Sie ließ los.

Wir fürchten den Wahnsinn. Wir fürchten die Einsamkeit. Je mehr wir in diesen Gefühlen bleiben, sie voller Gleichmut beobachten, sie annehmen und willkommen heißen, desto plötzlicher wird die Einsamkeit sich in einem unerwarteten Zustand des Alleinseins verlieren. Oder im »All-Eins-Sein«. In diesem Raum, in dem man nichts beweisen muss, wo nichts zu tun ist. In diesem Raum der Stille, des Friedens und der Gelassenheit.

Rumi, der persische Dichter des 13. Jahrhunderts, lädt uns ein, alles, was uns begegnet, zu umarmen und als Weg zu nutzen, uns selbst zu entdecken:

Jeden Morgen eine neue Ankunft ...
Etwas Freudiges, etwas Bedrückendes, etwas Gemeines ...
Heiße alles willkommen und lade es ein!

Karens Geschichte

Solange sie denken konnte, wollte Karen Sängerin werden. Schon als Kind liebte sie es, beim Spielen zu singen und zu summen. Ihre vier älteren Brüder lachten sie deswegen aus und nannten sie eine Heulsuse, wenn sie bei ihren wilden Spielen nicht mitmachen wollte. Mit den Jahren hörte Karen auf zu singen.

Als sie zu mir kam, arbeitete sie für eine Versicherung in der Abteilung für Schadensbegleichung. Sie war nicht sehr glücklich. Karen lernte zu meditieren und übte, die Werturteile ihres Verstandes zu beobachten. Ihr wurde bewusst, dass sie die Freude und Leidenschaft am Singen nur unterdrückte, weil bereits allein die Erinnerung an die Demütigungen ihrer Brüder schmerzte. Die ständige Herabsetzung hatte zur Folge, dass sie sich vor der Freude am Singen verschloss aus Angst, man lache sie aus. Sie setzte sich selbst herab.

Für Karen war es schwierig, sich selbst ganz und gar anzunehmen und damit auch eine ihrer großen Leidenschaften, das Singen. Warum ergeht es so vielen von uns so? Warum fällt es uns so schwer, uns zu akzeptieren, wie wir sind? Dafür gibt es zwei Gründe. Zum einen bekommen wir – genau wie Karen – viel über unsere Fehler zu hören, aber selten ein Lob über unsere Vorzüge. Wir wachsen heran, sind unsicher, fühlen uns unzulänglich und ängstlich. Wir fragen uns, ob wir jemals gut sein werden. Durch Meditation können wir diesem Strom der Kritik und der Bewertung Einhalt gebieten und zu uns zurückfinden. Indem wir die Wertungen, die unser Verstand vornimmt, beobachten, lernen wir auch, uns selbst gegenüber Gleichmut zu zeigen.

Doch diese Antwort hat noch einen weiteren Aspekt. Wir alle werden mit dem Potenzial geboren, uns zu verwirklichen. Sei es als Innenarchitekt, Koch, Programmierer, Künstler oder Dichter. Aber solange wir uns nicht auf dem richtigen Weg befinden, um unser kreatives Potenzial auszuleben, sind wir unzufrieden. Als Karen ihre Leidenschaft für das Singen wieder entdeckte, vermochte sie sich selbst und ihr Leben zu akzeptieren und Zufriedenheit zu finden.

Tief in unserem Innersten wird die Seele so lange unzufrieden sein, bis wir uns auf dem Weg weiter bewegen, der unserem Leben Leidenschaft und Bedeutung schenkt. Auch hier ist die Meditation ein wirkungsvoller Bestandteil der Selbstfindung.

Meditationen des Gleichmuts

Dies sind wenig zeitaufwändige Übungen, die Sie nur wenige Minuten kosten. Sie können sie in fünf, zehn oder 15 Minuten durchführen, aber auch mehr Zeit darauf verwenden. Oftmals machen sie größeren Spaß, wenn Sie sie zusammen mit einem Freund ausprobieren. Allerdings dürfen Sie dabei nicht wieder zu vergleichen beginnen. Es sind Übungen der Achtsamkeit, die voller Liebe und Mitgefühl für uns selbst durchgeführt werden sollten.

Linkshändiges Malen

Das ist eine wunderbare Übung in Gleichmut, die ich in meinen Meditationskursen lehre. Alle bekommen Papier und Farbstifte und haben danach 15 Minuten lang Zeit, das zu malen, was sie gerne möchten. Rechtshänder benutzen dabei die linke Hand, Linkshänder die rechte. Hinterher sehen sich alle reihum schweigend die einzelnen Bilder an. Ich bin immer wieder aufs Neue überrascht, wie schnell und ungezügelt sich in meinem Kopf Wertungen einstellen. Ein solches Umfeld bietet die Gelegenheit, diesen Werturteilen einfach nur zuzusehen, sie anzunehmen und vorüberziehen zu lassen.

Probieren Sie es mit ein paar Freunden aus. Sie können auch ein Museum besuchen oder eine Galerie. Natürlich können Sie genauso gut in ein Schuhgeschäft gehen, einen Jachthafen aufsuchen oder ein Haus besichtigen. Achten Sie dabei lediglich auf die Wertungen Ihres Verstandes. Dabei dürfen Sie sich nicht dafür schelten, dass Sie Werturteile fällen. Beobachten Sie einfach, wie viele Wertvorstellungen über das, was Sie sehen, Ihnen pausenlos durch den Kopf gehen. Versuchen Sie einmal, die Bilder wertfrei wahrzunehmen. Seien Sie in diesem Augenblick Teil des Bildes, betrachten Sie genau, was Sie vor Augen haben.

Das hilft Ihnen, sich von Ihren Urteilen zu depersonalisieren. Ihre Sicht wird weniger verzerrt sein. Sie sehen den Menschen oder den Gegenstand vor sich objektiver und klarer, liebevoller.

Die Straße hinuntergehen

Wenn Sie das nächste Mal eine Straße hinabschlendern, auf einer Parkbank oder im Café sitzen, so achten Sie einmal darauf, auf welche Weise Sie die vorübergehenden Menschen bewerten: zum Beispiel deren Kleidung, ob sie rauchen, übergewichtig sind, Kaugummi kauen, wie laut sie ihre Gespräche führen, was für Autos sie fahren. Richten Sie Ihre Achtsamkeit nach innen, beobachten Sie Ihren Verstand und die Urteile, die er über das Gesehene fällt. Es kommt darauf an, die Achtsamkeit von den Menschen dort draußen auf uns selbst und das, was in uns vorgeht, zu richten. Gehen Sie zum Beispiel eine Straße hinab und richten Sie Ihre Achtsamkeit auf sich selbst, Ihre Füße auf dem Boden, Ihre Atmung, den Schwung Ihrer Arme. Stellen Sie fest, dass »ich jetzt gerade die Straße hinuntergehe«. Und jetzt sehen Sie sich die Passanten an und achten auf die Urteile, die Ihnen durch den Kopf schießen. Dadurch erreichen Sie eine Verschiebung der Perspektive, die Sie stärker mit sich selbst in Verbindung bringt.

In der Haut der anderen

Immer wenn Sie feststellen, dass Sie über andere urteilen, sollten Sie sich einen Moment Zeit nehmen und sich vorstellen, was in *deren* Leben geschieht. Vielleicht haben sie gerade einen geliebten Menschen verloren, kämpfen mit Eheproblemen oder Geldnöten. Vielleicht versuchen sie gerade, mit dem Rauchen aufzuhören. Und die Zigarette, die Sie sie rauchen sehen, ist die Erste in dieser Woche und somit ein großer Fortschritt für sie.

Der Verstand hat eine verengte Sicht, er sieht nur einen Teil des Bildes. Wir erfinden dauernd Geschichten über Menschen, ohne deren Wirklichkeit zu kennen. Versuchen Sie einmal, ob Sie den Blickwinkel des Nicht-Wissens einnehmen können. In Wahrheit können wir kaum nachvollziehen, was in anderen Menschen vor sich geht. Öffnen wir aber unseren Geist und erweitern wir unsere Perspektive, so schwingt eine Tür auf zu einem Ort mitfühlenden Gleichmutes.

Bemühen Sie sich, einen offenen Geist zu bewahren. Teilen Sie mit anderen Menschen den *gegenwärtigen* Augenblick und Sie werden viel mehr Freude am Leben haben.

Sehen ohne Wertung

Urteile verschleiern unsere Sicht, so als versuchten wir, durch ein verschmutztes Fenster zu blicken. Die folgende Übung macht uns damit vertraut, Dinge wertfrei zu sehen. Sie ermöglicht es uns, im Bestehenden gegenwärtig zu sein.

Sehen Sie ein paar Minuten lang eine Blume oder etwas anderes Kleines an. Sagen Sie nicht »schön« oder »hässlich«. Sagen Sie gar nichts. Kein Wort. Betrachten Sie einfach nur. Der Verstand wird sich unwohl fühlen, er würde es vorziehen, wenn Sie etwas sagten. Stehen Sie dieses Gefühl durch. Versuchen Sie, etwas nur anzusehen.

Beginnen Sie mit neutralen Gegenständen, Sachen, die nicht mit bestimmten Eindrücken oder Erinnerungen aufgeladen sind: einem Stein, einer Blume, einem Baum, dem Sonnenaufgang, dem Flug eines Vogels, einer Wolke am Himmel. Erst wenn Sie die Technik beherrschen, wenden Sie sich Menschen zu. Sehen Sie Menschen urteilsfrei an, so erblicken Sie sie viel klarer und mit mehr Mitgefühl.

Indem Sie Ihre Sichtweise erweitern, Ihr Herz und Ihren Verstand öffnen, werden Sie der Welt offener, flexibler und empfänglicher begegnen.

Denken Sie lediglich immer daran: nur ansehen, nicht urteilen. Seien Sie gegenwärtig im Bestehenden.

Zur Erinnerung

Vergessen Sie nicht, dass es in der Natur des Verstandes liegt, zu vergleichen und zu werten. Wir müssen uns deswegen nicht schlecht fühlen. Es ist einfach so. Achten Sie also darauf, sich nicht selbst zu verurteilen, weil Sie urteilen! Nehmen Sie einfach wahr, werden Sie achtsam, wie ein Wissenschaftler, der Daten beobachtet. Nehmen Sie Ihre Urteile an und lassen Sie sie ziehen. Kämpfen Sie nicht gegen sie an und verstecken Sie sie auch nicht oder verbannen sie ins Unbewusste. Das schafft nur Probleme. Bringen Sie Ihre Urteile ans Licht, schauen Sie sie an, geben Sie zu, dass es sie gibt, und akzeptieren Sie es. Sie werden an Ihnen vorüberziehen, ohne Ihnen die Sicht zu verdecken.

Es kommt darauf an, dass Sie sich selbst gegenüber Achtsamkeit und Mitgefühl üben. Sie beziehen daraus Klarheit. Gleichmut zu erlernen sorgt genau wie das Putzen einer Brille für eine klarere Sicht.

1 ☼ Wenn Sie bemerken, dass Sie über einen Menschen in Ihrem Leben ein negatives Urteil fällen – zum Beispiel den Chef, einen Mitarbeiter, einen Angestellten, die Schwiegermutter oder Ihren Partner, so nehmen Sie sich etwas Zeit und stellen Sie sich in aller Stille folgende Fragen:

☼ Neige ich dazu, alles negativ zu sehen?

☼ Sind meine Erwartungen realistisch?

☼ Würde ein objektiver Beobachter die Situation anders sehen oder beurteilen?

☼ Wird es in einer Woche, einem Monat, einem oder zehn Jahren einen Unterschied für mich machen?

2 ☼ Wenn Sie urteilen, so achten Sie auf die Vorgänge in Ihrem Körper, seine Empfindungen und Gefühle. Merken Sie, dass sich etwas zusammenzieht oder schrumpft?

3 ☼ Merken Sie, dass Sie über einen Menschen ein negatives Urteil fällen, so gewöhnen Sie sich an, dieser Person alles Gute zu wünschen. Nehmen Sie sie in Ihr Herz auf, auch wenn Sie etwas an ihr nicht leiden können. Sie werden sich viel besser fühlen.

Der chinesische Mystiker Wu-Men sagte einst: »Wenn dein Verstand nicht durch unnötige Dinge getrübt wird, hast du die beste Zeit deines Lebens.«

5 Meditation ist keine Fünf-Minuten-Terrine: Wie man Geduld entwickelt

Alle Wesen sind von Anbeginn Buddhas.
Es ist wie Wasser und Eis:
Nicht Wasser, nicht Eis.
Außerhalb lebender Wesen,
Keine Buddhas ...
Hakuin Ekaku, japanischer Zen-Meister

Diese Zeilen stammen aus dem Gedicht »Lied der Meditation« des japanischen Zen-Meisters Hakuin Ekaku. Seit Menschengedenken erzählen uns die Mystiker, dass wir bereits Buddhas sind, doch wir glauben ihnen nicht. »Was, ich, ein Buddha? Niemals. Wie kann ich ein Buddha sein, wenn ich bis zum Hals im Alltagsstress stecke?«

Meditation erinnert uns an unsere Buddha-Natur. Wenn wir meditieren, schaffen wir Raum und laden diese Eigenschaft ein, in unser Leben zu kommen. Man braucht Zeit und Geduld. Man kann sie nicht erzwingen, faxen, per E-Mail schicken. Sie kommt nicht über Nacht per Kurierdienst. Warten wir aber geduldig, so wird unser Gast Mut fassen und mit Sicherheit erscheinen. Darauf können wir uns verlassen, denn das, worauf wir warten, kommt nicht von außen. Es ist in uns und wartet nur darauf, wieder mit uns in Verbindung zu treten. Es ist nur eine Frage der Zeit.

Anfangs mag all dies geduldige Warten und Einladen schwierig erscheinen. Wir sind daran gewöhnt, alles sofort zu bekommen, wie eine Fünf-Minuten-Terrine oder einen Becher Nesquick. Beim Meditieren ist entscheidend, dass Sie es nicht eilig haben. Wählen Sie Techniken, die Ihnen Spaß machen, und bleiben Sie dabei (es liegt in der menschlichen Natur, etwas allzu schnell wieder aufzugeben, das uns keinen Spaß macht). Zu Beginn ihrer Meditationsübungen glauben viele Menschen, versagt zu haben. Das ist ganz natürlich. Verlieren Sie nicht den Mut. Meditation ist nur am Anfang schwierig. Mit der Zeit wird sie immer einfacher.

Wir dürfen nicht übersehen, dass wir unser Leben lang auf Äußerlichkeiten konzentriert waren, nicht auf unser Inneres. Wir kennen den Weg zu uns nicht, denn er ist uns nicht vertraut. Wir können also gar nicht anders, als am Anfang zu versagen. Bevor wir die Reise zu unserem Mittelpunkt beginnen, bedarf es einer Richtungsänderung in unserer Achtsamkeit.

Mit der Zeit und zunehmender Erfahrung gelingt uns dieser Schritt. Vergleichen Sie sich nicht mit anderen, jeder hat sein eigenes Tempo. Wir haben alle unterschiedliche Bücher gelesen, haben in unterschiedlichem religiösem Umfeld und unter unterschiedlichen Menschen gelebt und wir besitzen alle unterschiedliche Fähigkeiten. Wir kommen aus verschiedenen Kulturen, haben einen anderen Familienhintergrund, eine andere Erziehung genossen. Es gibt tausendundeinen Unterschied zwischen uns. Wie können wir uns da vergleichen? Wir müssen geduldig und still arbeiten. Es wird sich langsam einstellen. Also versuchen Sie, nichts zu erzwingen.

Jeder Halm und jede einzelne Form ist die ganze Erde …
Jeder Moment ist das gesamte Sein, die gesamte Welt. Überlege, ob ein Wesen oder eine Welt in diesem Augenblick nicht gegenwärtig ist.

Dogen,
japanischer Zen-Meister, 13. Jahrhundert

Probieren Sie die folgende kleine Übung doch gleich einmal aus.

Schließen Sie die Augen und seien Sie im Augenblick gegenwärtig, dem Moment, der wahrhaftig jetzt ist. Spricht Dogen die Wahrheit?

Beharren

Meditation verlangt Beharrlichkeit.

Als ich mich selbstständig machte, hatte ich besonders stark mit der Ungeduld zu kämpfen: »Warum dauert es so lange, bis alles endlich läuft?« und so weiter. Durch den technischen Fortschritt haben wir uns daran gewöhnt, alles sofort zu bekommen. Mikrowellengerichte, Handys, Internet – alles dreht sich um die Geschwindigkeit. Es heißt, es dauere ungefähr fünf Jahre, bis ein neues Unternehmen Fuß gefasst hat. Hat man diesen Weg einmal beschritten, muss man sich darum kümmern und darf nicht aufgeben, selbst wenn man den Eindruck hat, es kommt nichts voran. Vielleicht hat man viel investiert und es kommt nichts oder nur sehr wenig zurück. Dann muss man einfach weitermachen und Vertrauen haben.

Mit der Meditation verhält es sich ähnlich. Damit möchte ich nicht sagen, dass es fünf Jahre dauern wird, bis Sie sie gemeistert haben. Aber der Ablauf ist derselbe. Man gibt nicht auf und ganz langsam, mit der Zeit, spürt man die positive Wirkung.

Die Redewendung »Wenn du am Anfang keinen Erfolg hast, versuche es wieder und wieder« ist richtig. Ich erinnere mich noch gut an meine ersten Versuche, Zitronenbaisertorte zu backen. Das Ergebnis war grauenhaft. Doch nach einigen Versuchen gelang mir die Torte. Bleiben Sie beharrlich bei Ihrer Meditation und Sie werden die gewünschten Resultate erzielen.

Üben

Es kann sehr hilfreich sein, Zeit mit Kindern zu verbringen. Ich weiß, dass meine Mutterschaft mich ruhiger gemacht hat, mich wirkungsvoll ins Hier und Jetzt brachte. Man kann ein Baby oder ein kleines Kind nicht hetzen, es hat seinen eigenen Rhythmus. Sie können es natürlich versuchen, aber damit beschwören Sie nur Probleme herauf.

Kinder können eine ganze Stunde einer Schnecke zuschauen. Sie beobachten stundenlang, was in einem kleinen Teich vor sich geht, völlig in Bann geschlagen von den Fischen, den Pflanzen, dem Kleingetier und den Vögeln, die zu Besuch kommen. Sie besitzen eine viel ausgeprägtere Gabe als wir, ohne Eile im Augenblick gegenwärtig zu sein.

Haben Sie jemals eine halbe Stunde lang einem Schmetterling zugesehen, einer Ameisenkolonne oder den Vögeln am Himmel? Versuchen Sie es. Es wird augenblicklich Ihr Tempo verlangsamen und eine gewisse Geduld verlangen.

Mein Sohn Paul war acht oder neun Jahre alt, als wir eines Abends gemeinsam essen gingen. Aus irgendeinem Grund sprachen wir plötzlich über Ketchup: die verschiedenen Marken, deren unterschiedlichen Geschmack, ihre Konsistenz, die Art der Flaschen – Glas oder Kunststoff, mit Schraubverschluss oder Klappdeckel. Paul war ein begeisterter Ketchup-Fan und ging vollkommen in unserem Gespräch auf. Auch ich hatte Spaß an unserer Unterhaltung. Allerdings merkte ich, dass ein Teil meines rastlosen, flüchtigen Verstandes sich wünschte, Paul würde schneller erwachsen werden, damit wir über »wirklich wichtige« Dinge reden könnten. In dem Augenblick wurde mir klar, dass ich – die große Meditationsspezialistin – diejenige war, der hier etwas entging, nicht meinem Sohn. Mein dahinrasender Verstand, der immer in Eile war, wollte meinen Sohn durch seine Kindheit hetzen.

Kinder sind großartige Lehrer. Ich zumindest lernte an jenem Tag etwas von meinem Sohn. Denn was hat letztendlich mehr Bedeutung? Der Inhalt des Gesprächs oder die Qualität des Umgangs miteinander?

Durch Meditation können wir unsere kindlichen Fähigkeiten wieder entdecken. (Dafür empfehle ich besonders die Mystische Rose [siehe Seite 172].)

Der Verstand ist ein Macher und will beschäftigt sein. Er ist das Yang, die männliche Seite in uns, die linke Gehirnhälfte. Meditation kommt aus dem Yin, der empfänglichen, weiblichen Seite, der rechten Hirnhälfte. Dem Verstand und dem Ego mag es gefallen, alles mögliche Wissen anzusammeln und verschiedenste Askesetechniken auszuprobieren, Fasten, Gelübde und Abstinenzen. Der Verstand ist davon überzeugt, dass er umso eher die »Erleuchtung« findet, je mehr er unternimmt. Durch mehr Wissen, so glaubt er, erreicht er schneller den meditativen Zustand.

Unser Verstand denkt so, weil unsere Gesellschaft ebenfalls auf diese Weise funktioniert. Alles ist erreichbar, wenn wir nur eine lineare Abfolge von Schritten einhalten. Aber in der Meditation funktioniert dieses Prinzip nicht. Wir müssen umdenken. Loslassen. Meditieren Sie spielerisch und ohne Erwartungen. Im Laufe des Meditierens wird Ihr Herz achtsamer, liebevoller, gefühlvoller und wachsamer. Sie werden auf Dinge aufmerksam, die Sie vorher übersehen haben. Sie entdecken neue Orte in sich. Jeden Tag, jeden Augenblick geschieht etwas Neues.

Ihre Meditationen ähneln einem Bad oder einer Dusche: Sie erfrischen. Aber diese Frische ist nicht Ihre Erleuchtung. Sie bereitet dieser nur den Weg. Sie dürfen nie nach der Erleuchtung greifen. Es verläuft immer anders herum: Die Erleuchtung greift nach Ihnen.

Meditationen, um Geduld zu erlangen

Unsere Gesellschaft scheint der Geschwindigkeit verfallen zu sein. »Schneller« im Sinne von »mehr« und »lauter« soll angeblich besser sein. Wir übernehmen uns, konsumieren zu viel. Mit dem Ergebnis, dass wir an Reizüberflutung und Erschöpfung leiden. Warum sind wir so in Eile? Wohin wollen wir? In unserer Kultur wird »Machen« höher bewertet als »Sein«. Langsames gefällt uns nicht, Warten macht uns unduldsam. Wir ignorieren alles im Kreislauf der Jahreszeiten, das unsere Geschwindigkeit herabsetzen könnte. Wir behalten den schnellen Schritt des Frühjahrs sogar noch im Winter bei. In einem Notfall ist Schnelligkeit wichtig und es macht Spaß, um die Wette zu laufen. Um entspannt und geduldig zu sein, ist es allerdings notwendig, dass wir im Normalbetrieb erheblich herunterschalten.

Hier nun ein paar Meditationen, die sich besonders dazu eignen, Geduld zu entwickeln.

Ruhig dasitzen und abwarten

Meditative Achtsamkeit ist wie ein Flüstern, nicht wie ein Schrei, sie kommt auf leisen Sohlen. Sie kommt und wartet, wenn Sie geschäftig herumeilen, es in Ihrem Kopf laut zugeht. Aber dann verabschiedet sie sich auch wieder. Ich kann gar nicht oft genug wiederholen, wie wichtig es ist, dass Sie sich Zeit nehmen zum stillen Verharren.

Nehmen Sie sich also Zeit - zehn, 15, 30 Minuten oder mehr. Am besten jeden Tag. Und setzen Sie sich still hin. Setzen Sie sich, unabhängig davon, wo Sie gerade sind, schließen Sie die Augen und warten Sie. Tun Sie nichts, sitzen Sie nur offenen, vertrauensvollen Herzens da und warten Sie. Sollte etwas »geschehen«, so werden Sie vorbereitet sein. Geschieht rein gar nichts, so hatten Sie zumindest eine kleine »Auszeit«. Und Gott weiß, wie nötig wir alle eine Pause haben! Welchen Charakter auch immer Ihr stilles Sitzen annimmt, nach einer Weile spüren Sie eine tiefere Verbindung mit sich selbst und mehr inneren Frieden.

Die meisten Menschen stellen fest, dass ihnen diese Übung am besten gelingt, wenn Sie sie jeden Tag zur selben Zeit durchführen. Es spielt keine Rolle, wann Sie die Übung einplanen, aber bleiben Sie bei der einmal gewählten Zeit. Vielleicht nutzen Sie die Pause um zehn Uhr vormittags oder Sie nehmen Ihre Mittagspause. Machen Sie es zu einem Teil Ihrer täglichen Routine. Weiß das innere Bewusstsein, dass Ihr äußeres Bewusstsein wartet, so finden beide eher zueinander.

Wenn Sie das Nichts-Tun üben, werden Sie mit der Zeit und mehr Erfahrung zu einer besseren Verständigung zwischen sich und Ihrem meditativen Zustand gelangen. Wächst dieses Verständnis, so beginnen Sie eine sanfte, unterschwellige Form der Entspannung und Gelassenheit zu spüren, die Ihren gesamten Tag durchdringt.

Einfach nur Tee trinken

Die Teezeremonie in Japan ist eine Zen-Tradition, die Tausende von Jahren zurückreicht. Sie ruft ein Gefühl der Ehrfurcht hervor, des Glücks und der Freude im Angesicht der schlichten Alltäglichkeit. Probieren Sie diese einfache Übung aus, um der gewöhnlichen Handlung des Teetrinkens mit Achtsamkeit zu begegnen. Die Teezubereitung ist eine wundervolle Übung in Geduld.

Stellen Sie Tassen und Kanne bereit. Hören Sie dem Kessel zu. Gießen Sie den Tee auf, riechen Sie seinen Duft, genießen Sie sein Aroma. Kosten Sie den Tee, fühlen Sie die Zufriedenheit, die Ihren Körper mit der Wärme des Tees durchdringt. Seien Sie dankbar dafür, dass Sie leben und in diesem Augenblick Tee trinken. Denken Sie nicht an die Vergangenheit oder die Zukunft. Ergeben Sie sich der Gegenwart, es gibt nur Sie und den Tee – es ist, als ob nichts anderes existiert. Tee trinken ist vergleichbar mit Meditation, ist Schönheit und Anmut, die auch im Gewöhnlichen zu finden ist.

Sie können dies morgens durchführen, im Laufe des Tages oder wann immer es Ihnen am besten passt. Nehmen Sie sich eine Viertel- bis halbe Stunde, wenn möglich mehr.

Eine meiner Klientinnen führt diese Meditation gerne durch, wenn sie am Ende ihres Arbeitstages nach Hause kommt. Sie duscht, zieht sich etwas Bequemes an, stellt das Telefon ab, legt die Post beiseite und brüht ihren Lieblingstee auf. Dann setzt sie sich für eine halbe Stunde auf die Veranda, wo sie entspannt und die Zeit, die sie für sich reserviert hat, genießt. Für sie ist dies eine erfrischende und belebende Art, den Abend zu beginnen.

Sollten Sie dies an einem drückend heißen Tag lesen, können Sie es auch mit Eistee versuchen. Lauschen Sie dem Klirren der Eiswürfel im Glas. Erfreuen Sie sich an den Farben, die durch das Glas scheinen, an der Minze, Zitronenscheibe oder Kirsche, die Sie zur Abrundung des Geschmacks dazugegeben haben. Während Sie entspannen, genießen Sie die Kühle, den erfrischenden Geschmack, den eiskalten Tee, den Sie durch einen Strohhalm schlürfen.

Essens-Meditation

Meine Schüler sind oft überrascht, wenn ich vorschlage, das Essen als Meditation zu nutzen. Wie bereits an anderer Stelle besprochen, wird jeder Vorgang, wenn er nur achtsam ausgeführt wird, zur Meditation. Das gilt auch für Mahlzeiten.

Uns allen wurden feste Regeln über das Essen eingetrichtert. Vielleicht hat man Sie als Kind gezwungen, den Teller leer zu essen oder Dinge zu sich zu nehmen, die Sie nicht mochten oder die Ihr Körper nicht wollte. (Gehörten Sie zum »Iss-deinen-Teller-leer«-Club? Ich war Mitglied.) Die Angst, dass Sie dafür bestraft werden, wenn Sie nicht essen, was auf den Tisch kommt, könnte immer noch in Ihnen herumspuken. Diese Angst blockiert Ihre Verbindung mit der natürlichen Weisheit Ihres Körpers. Hinzu kommen die Forderungen der neuesten Diätempfehlungen: Eier gehören nicht auf den Tisch, Eier sind gut. Vermeiden Sie alle Fette, Olivenöl tut Ihnen gut. Aber der Körper kennt keine festen Regeln. Wenn Sie nach Herzenslust essen und damit dem natürlichen Bedürfnis Ihres Körpers nach ordentlicher Ernährung entsprechen, dann verschwindet der Drang, sich vollzustopfen. Lernen Sie, auf die natürliche Weisheit Ihres Körpers zu hören, das ist wichtig. Wenn Sie nach Herzenslust essen, werden Sie feststellen, dass Sie sich mit den natürlichen Bedürfnissen Ihres Körpers nach richtiger Ernährung im Einklang befinden.

Diese Meditation hilft Ihnen, die Verbindung mit dem grundlegenden Wissen Ihres Körpers wiederherzustellen. Die Weisheit Ihres

Körpers wird zurückkehren, denn Sie haben sie lediglich vergessen. Das Wissen um die für Sie richtige Ernährung steckt in Ihrem Körper und wartet nur darauf, wieder entdeckt zu werden.

Auch wenn der Verstand gerne Vergleiche anstellt und Wertungen trifft - er ist nicht derjenige, der isst, das ist Ihr Körper. Dabei ist es unerheblich, was andere Menschen essen. Es kommt allein darauf an, dass die Nahrung, die Sie Ihrem Körper zuführen, auch seine Zustimmung findet.

Meditieren Sie vor den Mahlzeiten

Meditieren Sie jeden Tag vor dem Essen einige Minuten lang. Schließen Sie die Augen, gehen Sie in sich und erspüren Sie, was Ihr Körper braucht. Richten Sie Ihre Achtsamkeit auf sich selbst, darauf, was Ihr Körper zu sich nehmen möchte, wonach Sie sich verzehren. Die Antwort, wie sie auch immer ausfällt, lautet »summende Nahrung« - Nahrung, die in Ihrer Gegenwart summt. Essen Sie so viel summende Nahrung, wie Sie wollen. Bleiben Sie aber bei dem, was Ihnen Ihr Körper mitteilte, als Sie ihn danach fragten. Vertrauen Sie ihm, dass dieses Essen Sie sättigen wird.

Wenn Sie einen Fehler gemacht haben, dann werden Sie es schnell merken. Ihr Magen ist nicht glücklich. Also hören Sie auf, ein bestimmtes Nahrungsmittel zu sich zu nehmen, oder essen Sie weniger davon. Wir alle haben unterschiedliche Körper und Bedürfnisse und was für das Verdauungssystem des einen gut ist, verträgt der andere vielleicht nicht.

Summende Nahrung hat eine völlig andere Qualität als »lockende Nahrung«, wie ich sie nenne. Lockende Nahrung ist das, wonach unser Verstand, nicht der Magen, verlangt. Essstörungen entstehen durch lockende Nahrung. Werbespots, Beschreibungen auf Speisenkarten, Hochglanzfotos und bunte Verpackungen im Supermarkt lenken uns vom Summen des Körpers ab. Egal wie viel wir von diesen Lebensmitteln essen, wir sind nicht zufrieden, weil der Körper selbst kein Bedürfnis danach hat. Da wir uns unbefriedigt fühlen, essen wir noch mehr. Hören wir auf Nahrungsmittel, die uns zusummen, so verschwindet unser Appetit auf lockendes Essen. Nehmen wir nur noch summende Nahrung zu uns, dann sind wir zufrieden, denn unser Körper verlangt nur nach dem, was er wirklich braucht, und nach nichts anderem oder Zusätzlichem.

Machen Sie Ihre Mahlzeit zur Meditation

Es gibt keinen Grund zur Eile. Nehmen Sie sich Zeit. Nehmen Sie den Duft der Speisen wahr, sehen Sie sie an. Berühren Sie das Essen mit geschlossenen Augen, erfahren Sie es auf jede mögliche Weise. Danach nehmen Sie einen kleinen Bissen und kauen ihn langsam. Genießen Sie jede Wahrnehmung, fühlen Sie die Konsistenz, den Geschmack im Mund. Erledigen Sie nebenher nichts anderes, sondern gehen Sie völlig in dem auf, was Sie zu sich nehmen.

Essen Sie allein

Schließen Sie die Bürotür oder suchen Sie einen Ort auf, an dem Sie ungestört sind. Stellen Sie das Telefon ab – wozu haben Sie einen Anrufbeantworter. Kleben Sie einen Zettel an die Tür mit der Mitteilung: »Bin zum Essen.« Schließen Sie die Augen und entspannen Sie für ein, zwei Minuten. Atmen Sie achtsam und spüren Sie, wie Ihre Füße den Boden berühren. Jetzt packen Sie Ihr Essen aus und breiten alles sorgsam vor sich aus. Vergewissern Sie sich, dass Sie an alles gedacht haben. Essen Sie langsam und voller Bedacht. Erfreuen Sie sich am Geschmack und an der Konsistenz. Nehmen Sie die Bestandteile Ihrer Mahlzeit voller Genuss in sich auf. Sie sollten weder lesen noch Unterlagen durchsehen. Ignorieren Sie den Computerbildschirm. Richten Sie Ihre ganze Achtsamkeit auf das Essen.

Denken Sie daran, ruhig zu atmen und die Füße am Boden zu spüren. Spüren Sie die Zufriedenheit Ihres Körpers, während er die Mahlzeit verdaut. Halten Sie inne, bevor Sie etwas trinken. Heben Sie die Tasse langsam zum Mund und spüren Sie, wie die Flüssigkeit Ihren Durst löscht. Genießen Sie nur die sinnlichen Freuden des Essens und Trinkens.

Sind Sie fertig, dann bleiben Sie noch einen Augenblick mit geschlossenen Augen sitzen. Sitzen und atmen Sie. Fühlen Sie die Befriedigung, das Wohlgefühl und die Behaglichkeit, die eine gute Mahlzeit mit sich bringt.

Zum richtigen Zeitpunkt aufhören
Ein Schlüssel zum richtigen Essen ist die Erkenntnis, wann man aufhören muss. Lenken Sie Ihre Achtsamkeit auf Ihren Magen und erlauben Sie ihm, selbst zu entscheiden, wie viel Sie zu sich nehmen sollen. Sie werden entzückt darüber sein, um wie vieles besser Sie sich fühlen.

Zur Erinnerung

Zum Abschluss noch ein paar Vorschläge, die Ihnen helfen, im Alltagsstress herunterzuschalten und Geduld zu üben:

1 ✹ Nehmen Sie sich mehr Zeit dafür, Pflanzen, Blumen, Schmetterlinge, Schnecken und andere natürliche Phänomene wie Steine, Flüsse und Berge zu beobachten.

2 ✹ Wandern Sie ohne festes Ziel, schlendern oder gehen Sie direkt auf dem Erdboden.

3 ✹ Lassen Sie Ihr Auto stehen, benutzen Sie ein Fahrrad oder steigen Sie auf ein Pferd.

4 ✹ Suchen Sie sich »langsame« Aktivitäten: Angeln Sie, beobachten Sie Vögel, lernen Sie Tai-Chi, meditieren Sie.

5 ✹ Setzen Sie sich auf die Veranda, eine Bank, in einen Park und beobachten Sie, was um Sie herum vor sich geht.

6 ☼ Strecken Sie sich auf dem Boden aus und sehen Sie hinauf zum Himmel, zu den Wolken, den Sternen.

7 ☼ Nehmen Sie ein langes heißes Bad.

8 ☼ Nehmen Sie sich frei, faulenzen Sie und »verschwenden« Sie Zeit.

9 ☼ Sagen Sie öfter mal Nein.

10 ☼ Stellen Sie alles für einen Tag, eine Stunde, fünf Minuten ab. Kein Telefon. Kein Computer. Schalten Sie ab.

11 ☼ Verbringen Sie Zeit mit Kindern und Säuglingen.

Diese Aktivitäten helfen uns, unser Gleichgewicht zu finden. Sie helfen uns beim Meditieren. Sie laden unsere innere Stille ein. Sie wecken den Buddha in uns.

Prüfen Sie, ob es Ihnen möglich ist, jeden Tag eine oder mehrere dieser Aktivitäten auszuführen. Experimentieren Sie mit ihnen. Vielleicht kommen Ihnen eigene Ideen. Sie unterstützen damit Ihre Meditationsübungen und machen jenen inneren Ort der Ruhe und des Friedens für Sie leichter erreichbar.

6 In unbekannten Gewässern: Entdecken Sie das Vertrauen

Sobald du dir vertraust, sobald weißt du zu leben.
Johann Wolfgang von Goethe,
Faust I

Eine alte Sufi-Geschichte erzählt von einem frisch verheirateten Mann, der mit seiner Frau nach Hause kommt. Sie fahren in einem Boot über den See, als plötzlich ein Sturm aufzieht. Der Mann ist ein Krieger, aber seine Frau bekommt große Angst. Ihr Leben scheint zu Ende zu sein. Jeden Augenblick können sie ertrinken. Der Mann aber sitzt nur still, ruhig und friedlich da, als ob nichts wäre.

Die Frau zittert vor Angst und fragt: »Kennst du gar keine Furcht? Nur ein Wunder kann uns jetzt noch retten. Wir werden nie ans andere Ufer gelangen. Der Tod ist uns sicher. Warum hast du keine Angst, bist du verrückt? Bist du aus Stein?«

Der Mann lacht und zieht sein Schwert aus der Scheide. Das verwirrt die Frau erst recht. Was tut er da? Er hält die Klinge ganz dicht an den Hals der Frau – sie berührt beinahe die Haut. Er fragt sie: »Hast du Angst?« Sie kichert und antwortet lachend: »Wovor sollte ich Angst haben? Warum sollte ich Angst spüren, weiß ich das Schwert doch in deiner Hand? Ich weiß, dass du mich liebst.«

Er steckt das Schwert wieder weg und erwidert: »Das ist meine Antwort. Ich weiß, die Schöpfung liebt uns. Alles ist in ihrer Hand, der Sturm ist in ihrer Hand. Was auch immer passiert, es ist gut. Überleben wir, gut. Sterben wir, auch gut, denn alles ruht in der Hand des Seins.«

Vertrauen bedeutet das Wissen darum, dass das Leben uns liebt. Das Wissen, dass wir durch Liebe geschaffen wurden – aus Liebe, um zu lieben. Babys, Kinder, Vögel, Tiere und Bäume sind eins mit dieser Gewissheit. Erst der Verstand trennt uns davon ab. Der Verstand will alles verstehen. Übernimmt er die Führung, so werden wir ängstlich. Angst trübt unsere Urteilsfähigkeit und bringt Leid in unser Leben.

Brians Geschichte

Einer meiner Klienten, der schon seit vielen Jahren meditiert, ist Abteilungsleiter einer Hypothekenbank. Einmal erläuterte er mir, wie er einen Darlehensantrag bearbeitet. Stellt ein Kunde einen Antrag, dann geht Brian natürlich alle Referenzen und Unterlagen durch. Irgendwann kommt allerdings der Moment, in dem er für sich allein entscheiden muss, ob er der betreffenden Person das Vertrauen entgegenbringt, dass sie das Geld auch zurückzahlt. Er schließt die Augen und geht tief in sich. Er sucht die Verbindung zu seinem Herzen, hört auf seine innere Stimme oder Intuition. Er weiß, dass es keine Garantie für die Rückerstattung von Darlehen gibt. Er muss seinem inneren »Wissen« vertrauen, dass der Kunde kreditwürdig ist.

In 20 Jahren hat er nicht ein einziges Mal das Geld der Bank verloren. Die Grundlage für seine intuitiv richtigen Einschätzungen ist seiner Meinung nach die tägliche Meditation. Er nimmt sich die Zeit, sein Inneres nach der Glaubwürdigkeit und Wahrhaftigkeit seiner Kunden zu befragen. Da er sich selbst besser kennen lernte, mit sich selbst in Verbindung steht, hat er über die Jahre gelernt, sich selbst zu vertrauen. Denn noch mehr als seinen Kunden muss er sich selbst Vertrauen entgegenbringen. Er ist derjenige, der die Entscheidungen trifft.

Wir alle müssen im Leben Entscheidungen fällen, die zumindest ein wenig Vertrauen voraussetzen: Verabreden wir uns mit einem Freund, dann vertrauen wir darauf, dass er kommt. Vertrauen wir uns einem Freund, einem Berater oder unserem Buchhalter an, so geschieht dies in dem festen Glauben, dass unsere persönlichen Angelegenheiten an niemand anderen weitergegeben werden. Dabei verlassen wir uns auf unser inneres Wissen, dass wir dem anderen trauen können. Selbst wenn dieses Vertrauen missbraucht wird, müssen wir weiter anderen Vertrauen schenken, denn es gibt viele Menschen, die vertrauenswürdig sind. Ein unglücklicher Vorfall darf nicht dazu führen, dass wir allen Menschen misstrauen. *Das Vertrauen ist in uns, nicht in den anderen.*

Die Angst lebt im Verstand, Vertrauen lebt im Herzen. Das vertrauensvolle Herz nimmt die gegenwärtige Situation an, denn es weiß, dass die Dinge ihren Weg gehen. Das zuversichtliche Herz weiß, dass wir das Universum nicht kontrollieren können. Vertrauen ist ein Rätsel. Genau wie die Liebe ist es nur schwer zu fassen. Doch sobald wir es erleben, erkennen wir es.

Es gibt zwei Wege, das Vertrauen zu entdecken. Einmal durch Achtsamkeit. Entscheiden Sie sich einfach, achtsam zu sein, und beobachten Sie, was Ihr Verstand tut. Je weiter Sie sich von ihm trennen, desto einfacher fällt es Ihnen, die Weisheit Ihres vertrauenden Herzens zu entdecken. Der andere Weg führt über die Liebe. Vertrauen und Liebe gehen Hand in Hand, sie sind untrennbar miteinander verbunden. Sie können Liebe durch Vertrauen oder Vertrauen durch Liebe finden. Die Liebe bildet den Kreis, in dessen Mitte ihre Seele, das Vertrauen liegt. Liebe ist der Tempel und Vertrauen der innerste Altar.

Vertrauen hat nichts mit den Anderen zu tun. Es ist das intuitive innere »Wissen«, dass wir mit einer unerschöpflichen Quelle der Liebe verbunden sind, dass es eine allumfassende

Sicherheit, Reinheit und Ausgewogenheit der Weltordnung gibt. Auch wenn wir die Geschehnisse nicht begreifen, so tröstet das Vertrauen uns doch, dass zur rechten Zeit alles verständlich werden wird.

Jedes Kind wird voller Vertrauen geboren. Unglücklicherweise verlieren viele von uns im Laufe des Erwachsenwerdens die Verbindung zum vertrauenden Herzen. Vielleicht wurden wir häufig kritisiert und fingen an zu glauben, wir seien schuld an allem, was schief geht. Vielleicht wurden wir oft alleine gelassen, man vergaß, uns etwas zum Essen zu machen oder uns von der Schule abzuholen. Vielleicht brachen unsere Eltern viele Versprechen, unser Vater verließ unsere Mutter oder unsere Mutter starb. Wie sollten wir als kleine Kinder erkennen, dass nicht wir die Schuld daran trugen? So lernten wir, uns umgehend für echte wie eingebildete Unzulänglichkeiten die Schuld zuzuweisen. Uns stand nur noch ein Weg offen. Wir mussten unser Herz verschließen und uns in unseren Kopf zurückziehen, in dem sich Angst und Misstrauen breit machten.

Meditation ist ein wunderbarer Weg, das verlorene Vertrauen, den verlorenen inneren Reichtum zurückzugewinnen. Die Achtsamkeit, die aus der Meditation erwächst, führt uns vom Kopf zurück zum Herzen, von der Logik zur Liebe, von der Angst zum Vertrauen. Sie ermutigt uns, tiefer zu graben, zu erkennen, wie oft wir uns selbst herabsetzen. Sie belohnt uns mit der Überzeugung, unserem inneren Wissen vertrauen zu können, jenen Gefühlen im Bauch, die uns vor Schaden von außen und selbstzerstörerischen inneren Impulsen schützen. Schenken wir der Liebe Achtsamkeit und nehmen uns im gegenwärtigen Augenblick an, dann finden wir den Schlüssel zu unserem vertrauensvollen Herzen.

Meditationen, um das Vertrauen zu entdecken

Nur das Herz weiß das Schöne zu finden.
Fjodor Dostojewski

Wo beginnt man, wenn man Vertrauen entwickeln möchte? Bei sich selbst. Beginnen Sie jetzt, im gegenwärtigen Augenblick. Die folgenden Techniken benutze ich, um einen Sinn für Vertrauen zu entwickeln. Verlieren wir die Verbindung zu unserem Herzen, so verlieren wir auch unser Vertrauen. Diese Techniken sind besonders gut geeignet, um das Herz zu heilen und das Vertrauen wieder zu entdecken. Sie können es auch mit der Lach- (Seite 80), der Osho-Dynamik- (Seite 58), der Gibberisch- (Seite 55) und der Mystischen-Rosen-Meditation (Seite 172) versuchen.

Das Gute in Ihnen

Stimmen, in der Einsamkeit gehört, werden leiser und verhallen, wenn wir in die Welt eintreten.
Ralph Waldo Emerson

Lerne mit dem Schweigen in dir vertraut zu werden und wisse, dass alles in deinem Leben einen Zweck hat.
Elisabeth Kübler-Ross

Richten Sie Ihre Achtsamkeit auf die Liebe und nehmen Sie sich im gegenwärtigen Augenblick an. Schließen Sie die Augen und sehen Sie das Gute in Ihnen. Lassen Sie womöglich aufsteigende Kritik und Urteile vorüberziehen. Was immer Sie sehen, es wächst in Ihnen. Das ist das Geheimnis. Also richten Sie Ihre Aufmerksamkeit auf das Gute.

Erinnern Sie sich an die guten Dinge in Ihnen: Sie sind ein guter Freund, jemand, der die Dinge in Ordnung bringt. Sie kennen sich mit Computern aus. Erstellen Sie eine Liste mit den Dingen, in denen

Sie gut sind. Jedes Mal, wenn Sie Ihr Vertrauen verlieren, zu selbstkritisch werden, schauen Sie auf diese Liste. Geben Sie die Liste einem Freund mit der Bitte, Sie an Ihre Fähigkeiten zu erinnern. Eine Klientin erzählte mir, wie niedergeschlagen sie sich eines Abends bei der Zubereitung des Essens fühlte. Sie hatte das Gefühl, nichts wirklich gut zu können. Sie setzte sich zu ihrer Familie an den Tisch und da sagte ihre zehnjährige Tochter plötzlich: »Mama, du kochst richtig toll.« Sie hatte kurzzeitig das Vertrauen in sich verloren, doch die Bemerkung ihrer Tochter führte sie zu sich selbst zurück.

Das Schlechte zu wählen ist einfach. Es liegt bergab. Sie brauchen auf abschüssiger Straße nur einmal den Fuß vom Gaspedal zu nehmen und den Gang rauszunehmen, schon rollt das Auto bergab. Das Gute liegt bergauf. Man braucht viel Ausdauer, Anstrengung und Achtsamkeit. So wachsen Sie. Und zwar von Augenblick zu Augenblick. Jeder Augenblick bietet Ihnen Alternativen, in jedem Augenblick müssen Sie sich neu entscheiden. Das ist ein immer währender Vorgang. Wann immer Ihr Verstand zwischen Gut und Schlecht wählen will, schauen Sie nur auf das Gute. Stellen Sie zum Beispiel fest, dass Sie denken »Ich bin ein Versager, mache nie etwas richtig. Ich bin ein schlechter Mensch«, so ersetzen Sie diese negativen Gedanken durch positive: »Ich versuche es weiter. Ich leiste gute Arbeit und habe viel Sinn für Humor.«

Eine meiner Klientinnen berichtete mir, dass sie sich in der ersten Zeit ihrer Meditation immer wieder mit der Trennung von ihrem letzten Freund beschäftigte. Es dauerte eine Weile, aber dann lernte sie, ihre Gedanken auf positivere Dinge zu lenken wie zum Beispiel die Vorstellung, einen neuen Freund kennen zu lernen.

Denken Sie daran, dass der Verstand keine eigene Macht besitzt. Im besten Fall kann er Ihnen Alternativen anbieten, aber die Entscheidung fällen letztendlich Sie. Also wenden Sie sich immer dem Guten zu, auch wenn es anfangs schwer fällt. Je öfter Sie sich für das Gute entscheiden, desto eher wird es ganz natürlich für Sie, sich spontan dorthin zu wenden. Nach einiger Zeit werden Sie nicht mehr wählen müssen.

Sie können die Reise ins Vertrauen fördern, wenn Sie immer an den stetigen, beruhigenden Rhythmus der natürlichen Welt denken, an das Kommen und Gehen der Gezeiten, den ewigen Lauf der Jahreszeiten, die wechselnden Phasen des Mondes, den täglichen Übergang des Tages in die Nacht. Dieser Rhythmus hüllt uns in eine Decke aus Sicherheit und Zufriedenheit, vermittelt uns Wohlbefinden. Wir können darauf vertrauen, dass die Nacht wieder zum Tag wird, dem Sonnenuntergang der Sonnenaufgang folgt, die Vögel am Morgen singen und am Abend verstummen. Unser Vertrauen in diese Vorgänge ist uns angeboren. Obwohl es nicht amtlich beglaubigt ist, dass auf den Winter der Frühling folgt oder die Wildgänse im Herbst nach Süden ziehen, vertrauen wir doch auf den Rhythmus des Universums.

Denken Sie an Babys. Sie sind grundlos glücklich. Sie sind mit diesem großen Rhythmus verbunden. Sie brauchen keinen Grund. Wir wurden mit dem gleichen grundlosen Vertrauen und Glücksgefühl geboren. Durch Meditation erlangen wir diese zurück.

Unser Erwachsenenverstand wurde darauf geeicht, die Existenz des Herzens abzustreiten. Er leugnet die Möglichkeit, dass auch Gefühle ein Weg des Wissens sind. Die Selbstprüfung, unsere Reise zu uns selbst, benötigt Vertrauen, weil wir ins Unbekannte vorstoßen. Wir bewegen uns weg vom Überkommenen, Traditionellen, weg von der Masse. Wir stechen in See, ohne zu wissen, ob es ein anderes Ufer gibt. Wie John Shedd treffend bemerkt: »Im Hafen ist ein Schiff sicher – aber zu diesem Zweck werden Schiffe nicht gebaut.« Versuchen Sie sich vorzustellen, welch ein Vertrauen Christoph Kolumbus gehabt haben muss, als er mit der Santa Maria Spanien verließ. Viele dachten, er würde über den Rand der Welt fallen. Er aber vertraute. Er »wusste«, dass er auf Land stoßen würde. Zum Glück für die heutigen Bewohner der USA fand er es auch.

Der Verstand weiß, wie man sucht und forscht. Aber für die Umwandlung des Intellekts in Intelligenz bedarf es der Öffnung des Herzens. Der Verstand muss dem Herzen vertrauen und dessen Anweisungen folgen. Intelligenz ist der Gleichklang von Herz und Verstand. Daraus erwächst die Harmonie, aus der heraus wir vertrauensvoll vorwärts schreiten, Risiken eingehen und unser wahres Selbst entfalten.

Summen

Summen ist eine zeitintensivere Technik, die dazu dient, uns dem Vertrauen zu öffnen. Sie trägt uns in unsere innere Zuflucht des Friedens und der Gelassenheit. Die Wurzeln der Summtechnik liegen weit zurück im Osten. Wenn wir summen, erzeugen wir unsere eigene Energie, die uns heilt und zu unserer Mitte bringt. Summen trägt uns direkt vom Kopf in den Körper, dabei hält es uns achtsam und entspannt. Durch die Schwingungen in Körper und Verstand wirkt es besänftigend und beruhigend.

Dr. Mitchell L. Gaynor, einer der bekanntesten Krebsspezialisten New Yorks und Direktor für Medizinische Onkologie und Integrative Medizin am Strang-Cornell Cancer Prevention Center, hat die unglaublichen Heilkräfte von Klängen in seiner Klinik erprobt. Dabei konnte er nachweisen, dass sie die Gesundheit auf dramatische Weise verbessern, Stress und Schmerz verringern und die Kreativität wecken. Einige Patienten wiesen sogar Tumorrückbildungen auf, nachdem sie heilenden Klängen ausgesetzt worden waren.

In seinem Buch *The Sound of Healing* zitiert Gaynor Dr. David Simon, den medizinischen Direktor der neurologischen Abteilung am Sharp Cabrillo Hospital in San Diego/Kalifornien und des Chopra Center for Well-Being. Simon konnte beobachten, dass Heilgesänge und -musik »messbare physiologische Effekte« haben. Er wies darauf hin, dass der Körper Gesänge in natürliche Schmerzmittel umwandelt, die heilende Wirkung haben.

Die Summtechnik, die ich gerne anwende, heißt »Nadabrahma«. Nadabrahma ist eine alte tibetische Technik, die von Osho überarbeitet wurde. Sie eignet sich besonders zur Heilung des Herzens, sowohl auf emotionaler wie auf physischer Ebene. Sie löst emotionale Spannungen und schafft einen Zustand tiefen zentrierten Wohlbefindens. Sie ist außerdem hilfreich, wenn Sie Probleme mit dem Hals, den Bronchien, der Lunge und der Brust haben oder mit Kommunikationsschwierigkeiten kämpfen. Diese Technik ist daher bestens geeignet für Sänger, Redner oder solche, die es werden wollen.

Ich empfehle Oshos Nadabrahma jedem, der eine aktive Technik sucht, dessen Gesundheitszustand jedoch die mehr Energie erfordernden oder stärker reinigenden Methoden nicht empfehlenswert macht. Vielleicht nutzen Sie diese Übung auch einfach nur, um sich zu entspannen und zu zentrieren. Außerdem wirkt sie großartig, wenn Ihre persönlichen Batterien dringend aufgeladen werden müssen.

Sie können Oshos Nadabrahma jederzeit allein oder mit anderen zusammen durchführen. Sie benötigen dafür ungefähr eine Stunde und 15 Minuten: etwa eine Stunde für die Meditation und 15 Minuten für das sehr wichtige anschließende Zur-Ruhe-Kommen.

Ich schlage vor, dass Sie die Übung mindestens eine Woche lang jeden Tag zur selben Zeit durchführen. Achten Sie darauf, ob Sie mitschwingen. Viele Menschen finden, dass diese Übung sie zutiefst beruhigt und zentriert, wenn sie gefühlsmäßig aufgewühlt sind oder ihnen viel im Kopf herumgeht.

Zur Ergänzung dieser Meditation gibt es eine CD. Informationen, wo Sie die CD *Osho Nadabrahma* bestellen können, finden Sie auf Seite 220 f. Sie können die Meditation natürlich auch ohne die CD durchführen. Allerdings kann ich in diesem Fall keine andere Musik als Ersatz empfehlen.

Phase eins: Summen (30 Minuten)

Sitzen Sie entspannt und halten Sie Augen und Lippen geschlossen. Summen Sie, bis Sie die Schwingungen im ganzen Körper spüren. (Sie werden vermutlich so laut summen, dass andere Sie hören können.)

Atmen Sie nicht angestrengt, eine besondere Atemtechnik gibt es nicht. Sie können auch die Tonlage ändern oder Ihren Körper sanft und langsam hin und her bewegen, wenn Ihnen danach ist.

Es kommt der Moment, in dem das Summen ein Eigenleben annimmt und Sie nur noch Zuhörer sind. Summen Sie eine halbe Stunde lang.

Phase zwei: Mit den Händen kreisen (15 Minuten)

(Wenn Sie die CD *Osho Nadabrahma* nicht verwenden, dann stellen Sie einen Wecker auf siebeneinhalb Minuten. Wählen Sie einen, dessen Klang angenehm ist. Sie möchten wohl kaum von einem schrillen Klingeln aus der Meditation gerissen werden.)

Bleiben Sie ruhig sitzen und summen Sie mit geschlossenen Augen weiter. Drehen Sie die Handflächen nach oben und bewegen Sie beide Hände vom Nabel aus nach vorne. Ziehen Sie dann Ihre Hände seitlich auseinander und ziehen Sie mit beiden Händen jeweils links und rechts zwei große spiegelverkehrte Kreise. Beide Hände sollen dabei eine kreisförmige Bewegung nach oben und außen vollführen. Schließen Sie die Kreise, indem Sie Ihre Hände - die Handflächen zeigen weiter nach oben - zurück zum Bauchnabel bewegen. Lassen Sie die Hände jetzt horizontal über dem Boden weiterkreisen. Diese Bewegung sollte so langsam sein, dass es manchmal scheint, als gäbe es gar keine. Spüren Sie die Energie, die Sie dem Universum geben.

Nach siebeneinhalb Minuten drehen Sie die Handflächen nach unten und bewegen die Hände andersherum. Die Hände kommen am Nabel zusammen und kreisen jetzt nach unten und außen. Spüren Sie, wie Sie Energie zu sich heranziehen, in sich aufnehmen. Auch hierbei können Sie Ihren Körper bewegen, solange Sie es langsam und voller Bedacht tun.

Phase drei: Ausruhen (15 Minuten)

Zum Abschluss sitzen oder liegen Sie 15 Minuten lang ganz still.

Die erste Viertelstunde nach dieser Übung sollten Sie alles ganz sachte angehen. Stehen Sie langsam auf, achten Sie darauf, sich nicht gleich in die nächste Tätigkeit zu stürzen. Sie werden ein tiefes, alles umfassendes Gefühl des Wohlbefindens verspüren, im Gleichgewicht mit Ihrer äußeren und inneren Welt. Genießen Sie es. Diese wirkungsvolle Summtechnik eröffnet Ihnen eine völlig neue Welt der Heilung, des Trostes und der Kreativität.

Um Vertrauen zu entwickeln, können Sie zusätzlich zu diesen beiden Übungen auch die folgenden Ideen in Ihrem Alltag umsetzen.

Zur Erinnerung

1 ☼ *Gewöhnen Sie sich daran, bei Entscheidungen immer auf Ihre innere Stimme zu hören.*

Sollen Sie tatsächlich zum Meditationskurs gehen? Sollen Sie auf die Party oder mit einem Freund ins Kino gehen? Wie möchten Sie Ihren nächsten freien Tag wirklich verbringen? Halten Sie inne und prüfen Sie, ob Sie zwischen der Meinung Ihres Verstandes und Ihrer inneren Stimme unterscheiden können. Am Anfang ist Ihre innere Stimme kaum zu vernehmen. Je mehr Beachtung Sie ihr jedoch schenken und je mehr Sie ihr folgen, desto mehr werden Sie sich daran gewöhnen, ihr zu vertrauen.

2 ☼ *Gehen Sie frühmorgens nach draußen und sehen Sie der Morgendämmerung zu.*

Lauschen Sie dem morgendlichen Gezwitscher der Vögel, riechen Sie die Frische eines neuen Tages, spüren Sie die Luft, die Kälte, die Wärme. Seien Sie an diesem neuen Tag gegenwärtig und achtsam, auch sich selbst gegenüber. Gehen Sie auf dem Erdboden, spüren Sie die Erde unter Ihren Füßen, wie sie Sie trägt. Machen Sie das fünf Minuten lang oder auch länger, wenn Ihnen danach ist.

3 ☼ *Gehen Sie vor dem Schlafen fünf Minuten an die frische Luft.*

Sehen Sie zu den Sternen hinauf, zum Mond, zum Nachthimmel. Werden Sie sich der ungeheuren Weite unseres Universums bewusst. Denken Sie daran, dass Sie ein untrennbarer Teil davon sind. Sehen Sie in die Nacht, fühlen Sie die Dunkelheit, riechen Sie den Duft des Abends. Hören Sie auf die Stille und machen Sie sich bewusst, dass die Vögel, die ganze Welt, schlafen. Gehen Sie auf dem Erdboden. Spüren Sie unter Ihren Füßen, wie die Erde Sie trägt. Gehen Sie wieder hinein und ins Bett. Fühlen Sie den Trost, mit dem das Universum Sie beim Einschlafen umhüllt.

4 ☼ *Hören Sie abends im Bett zum Einschlafen beruhigende Lieder.*

Eine CD, die ich mag, ist *Songs for the Inner Child* von Shaina Noll. Kindern singt man Schlaflieder vor und wiegt sie, damit sie ruhig und mit einem Gefühl der Sicherheit schlafen. Was spricht dagegen, auch als Erwachsener beruhigende Musik zum Einschlafen zu hören? Die beruhigende Wirkung der Schlaflieder bleibt die ganze Nacht bestehen. Die Musik schwingt mit Ihrem Herzen und hilft Ihnen, sich wieder mit dem Vertrauen zu verbinden, das in Ihrem Herzen ruht.

7 Der Friedvolle Krieger: Die Kunst des Mitgefühls

Willst du andere glücklich machen, so sei voller Mitgefühl.
Willst du glücklich sein, so sei voller Mitgefühl.
Dalai Lama

Vor einigen Jahren flog mein Freund David im Urlaub nach Hawaii und ließ seinen Sohn – einen Teenager – für ein paar Tage allein zu Hause. David hatte seinen Sohn ermahnt, nicht zu viel Lärm zu veranstalten, aber Jungs sind nun einmal Jungs und Teenager sind Teenager. David erreichte auf Hawaii die Nachricht, dass die Nachbarn sich über Lärm beschwerten, als sein Sohn eines Abends ein paar Freunde zu Besuch hatte. Sie waren offenbar sehr verärgert. Auch David war im ersten Moment verärgert. Es ärgerte ihn, sich im Urlaub mit dieser Situation befassen zu müssen. Er war verärgert über seinen Sohn und die Nachbarn, aber auch über sich selbst. Er konnte sich des Gefühls nicht erwehren, er hätte schon im Vorfeld verhindern »müssen«, dass so etwas überhaupt passierte.

David beschloss, die Gibberisch-Meditation durchzuführen, um seinen Ärger loszuwerden (siehe Seite 55). Nach einer Weile fühlte er, wie er über die Ebene des Verstandes hinaus gelangte, jenseits der Hölle, die sein Verstand erschuf, zu seiner Mitte fand. Er fand seine Oase der Ruhe und Stille. An diesem Ort der Ruhe sah er das ganze Geschehen viel klarer. Er dachte daran, dass sein Sohn sich dafür entschuldigt hatte, weil er dem Vater so großen Ärger bereitet hatte. Er hätte nicht mehr an die Nachbarn gedacht und sich wirklich bemüht, leise zu sein. In diesem Raum der stillen Besinnung fiel David auch wieder ein, dass diese Nachbarn zu überzogenen Reaktionen neigten.

Nach ein paar Tagen verschob sich seine Perspektive. Die Angelegenheit setzte ihm nicht mehr so zu. Er war bereit, in Ruhe mit seinem Sohn zu sprechen. Er rief den Jungen an und schlug vor, er solle sich bei den Nachbarn entschuldigen, was dieser gerne tat. David konnte den Rest seines Urlaubs wieder genießen.

Als David mir die Geschichte erzählte, merkte er, dass er bei sich angefangen hatte. Er war voller Mitgefühl für sich selbst, weil sein Urlaub ruiniert schien. Als er sich beruhigte und erkannte, dass dem nicht so war, dass sein Verstand lediglich eine vorübergehende Störung verursacht hatte, entspannte sich David. So konnte er seinen restlichen Aufenthalt auf Hawaii genießen. Als David hinterher mit seinem Sohn sprach, war er in der Lage, Mitgefühl für ihn zu entwickeln. Er nahm dessen Entschuldigung an und erkannte, dass sein Sohn nicht die Absicht gehabt hatte, seinem Vater Ärger zu bereiten. Er war nichts weiter als ein Teenager, der völlig in seiner eigenen Wirklichkeit lebte.

Das ist die Wirkung der Meditation. Indem wir zuerst uns selbst Mitgefühl entgegenbringen, lassen wir den zornigen Aufruhr los, den der Verstand manchmal in unserem Kopf anrichtet. Wir sehen klar und verbinden uns wieder mit unserem Glück.

Mitgefühl fängt bei uns selbst an. Es ist die höchste Form der Liebe. Der erste Schritt zu Mitgefühl, auf dem Weg zum »Friedvollen Krieger«, besteht darin, sich der eigenen Gedanken und Handlungen bewusst zu werden. Beobachten Sie sich, ohne jede Wertung. Lenken Sie Ihre Achtsamkeit vor allem auf alle selbstkritischen oder selbstabwertenden Angewohnheiten, die Sie vielleicht haben.

Im zweiten Schritt bringen Sie sich selbst Liebe entgegen, wann immer Sie daran denken. Erinnern Sie sich an all die positiven Dinge, die Sie erreicht haben, und würdigen Sie diese – kleine Dinge, wie die gute Ernte selbst angebauter Tomaten, das Gelingen einer leckeren Lasagne, die Neuordnung Ihres Kleiderschrankes. Wenn Sie sich daran gewöhnt haben, sich selbst zu lieben, entwickeln Sie mit der Zeit auch Mitgefühl für sich und andere.

Vielleicht wurden Sie genau wie ich in dem Glauben erzogen, dass Mitgefühl nichts anderes bedeute, als zu jedermann nett zu sein, ganz gleichgültig, wie man selbst von der betreffenden Person behandelt wird. Die Meditation hat mich gelehrt, dass es nichts mit Mitgefühl mir oder anderen gegenüber zu tun hat, wenn ich zulasse, dass man mich schlecht behandelt. Gedankenlos nettes »falsches Mitgefühl« hilft niemandem.

Wahres Mitgefühl, so habe ich herausgefunden, weiß, wie man Nein sagt, Grenzen zieht, seine Meinung äußert, sich vor der Missachtung durch andere schützt. »Wehrhaftes Mitgefühl« hat mich gelehrt, mich selbst mehr zu lieben und so mehr Liebe für andere aufzubringen. Das ist der Weg des Friedvollen Kriegers.

Der Friedvolle Krieger wendet sich voller Mitgefühl dem uns zugefügten Unrecht zu. Der Friedvolle Krieger versteht, dass falsches Betragen oft unbewusst geschieht. Wenn wir klare Grenzen ziehen, bringen wir oft jene, die uns schaden, dazu, ihrem Tun mehr Achtsamkeit zu schenken. Gleichzeitig können wir sie in unserem Herzen behalten. Der Friedvolle Krieger weiß, dass Selbstliebe und durch Mitgefühl erreichte Klarheit gemeinsam den beschwerlichen Weg meistern können, auch die schwierigste zwischenmenschliche Beziehung zu verändern.

Ist man unfähig, Liebe zu geben oder anzunehmen, unfähig, das Selbst mit anderen zu teilen, so führt dies zu großem Leid. Für ihr Überleben benötigt unsere Seele ebenso sehr Liebe wie unser Körper Nahrung. Nur durch Liebe können wir unsere Seele erfassen und wissen, dass wir mehr sind als Körper und Verstand. Nur durch die Liebe fühlen wir uns vollständig.

Wehrhaftes Mitgefühl

Jeder kann zornig werden - das ist leicht.
Aber auf die richtige Person zornig zu sein,
zum richtigen Zeitpunkt, im richtigen
Ausmaß, aus dem richtigen Grund und auf
die richtige Weise - das ist nicht leicht.
Aristoteles

Man hat mir beigebracht, niemals zornig zu werden und niemals die Stimme zu erheben. Heute weiß ich, dass es nicht funktioniert, ein »nettes« Mädchen zu sein und diese Art von gedankenlos nettem Mitgefühl zu zeigen. Ich hatte nie gelernt, für mich selbst einzutreten. Man konnte wütend auf mich sein, mich angreifen, den eigenen Ärger auf mir abladen – ich nahm alles hin. In mir staute sich eine Menge Groll und nicht ausgelebter Ärger auf. Die Jahre der Selbstheilung durch Meditation haben mir den Unterschied zwischen »falschem Mitgefühl« und »wehrhaftem Mitgefühl« deutlich gemacht.

Mitgefühl bedeutet nicht, voller Herzblut für andere Sympathie aufzubringen. Mitgefühl heißt, so tiefe Liebe zu empfinden, dass man gewillt ist, jeder Situation mit Achtsamkeit zu begegnen. Verstehen Sie mich bitte richtig. Es ist nicht falsch, anderen Menschen gegenüber Sympathie zu empfinden. Sympathie ist eine wundervolle Eigenschaft. Aber das Entscheidende ist, einer Situation bewusste Achtsamkeit entgegenzubringen. Durch Meditation können wir langsam lernen, uns selbst zu verstehen, unsere Schmerzen zu heilen, unsere geistigen, körperlichen und emotionalen Spannungen zu lösen und mehr Achtsamkeit in die Ereignisse unseres Lebens zu bringen.

Annes Geschichte

Hier ein Beispiel, das den Unterschied zwischen falschem und wehrhaftem Mitgefühl zeigt. Meine Klientin Anne arbeitet in der Verkaufs- und Marketingabteilung einer großen Versicherung. Sie hat mit Menschen von überall in den Vereinigten Staaten zu tun. Mit Jennifer, einer Kollegin in Wisconsin, kam Anne nur schwer zurecht. Jennifer ließ sich sehr viel Zeit mit Rückrufen, war schroff, sarkastisch und unhöflich. Anne hingegen ist stets höflich, rechtzeitig mit der Arbeit fertig und bemüht, ihre Arbeit gut und zufriedenstellend zu erfüllen.

Als Anne durch Meditation sich selbst gegenüber mehr Achtsamkeit aufbrachte, begriff sie, warum sie nicht gern mit Jennifer zusammenarbeitete. Nach den Telefonaten mit der Kollegin war sie frustriert und verärgert, weil die ganze Arbeit an ihr hängen blieb. Ihre Höflichkeit wurde mit Unfreundlichkeit beantwortet und ihr harter Arbeitseinsatz nicht anerkannt.

Durch die Meditation lernte Anne außerdem, Mitgefühl für sich zu entwickeln. Daraufhin beschloss sie, mit dem Personalchef zu sprechen und sich von dem Projekt abziehen zu lassen. Mit Erleichterung nahm sie die Nachricht auf, dass sie nur in diesem Bereich arbeiten müsse, wenn sie es auch selber wünsche. Hätte sie früher gefragt, wäre ihr eine Menge Kummer erspart geblieben.

Ein paar Monate später hielt Jennifer sich geschäftlich in der Stadt auf. Zufällig trafen Anne und Jennifer zu früh zu einer Besprechung ein. Sie unterhielten sich und Jennifer fragte, warum Anne nicht mehr an dem Projekt arbeite. Anne atmete tief durch und erzählte Jennifer die Wahrheit. Zu ihrer Überraschung hörte Jennifer nicht nur zu, sondern räumte sogar ein, kein einfacher Umgang zu sein. Allerdings hatte sie nicht geahnt, dass sie derart verheerend auf andere wirkte. Jennifer war dankbar, dass Anne den Mut aufgebracht hatte, ihr die Wahrheit zu sagen, und sie gab zu, dass sie ihren Umgangston ändern müsse.

Nachdem Anne ihr davon erzählt hatte, interessierte auch Jennifer sich für Meditation. Anne erläuterte ihr, dass vor allem die Gibberisch- (siehe Seite 55) und die Osho-Dynamik-Meditation (siehe Seite 58) sehr hilfreich seien, um emotionalen Druck abzubauen. Danach sei sie in der Lage, ruhig dazusitzen und zu beobachten, um in bestimmten Situationen ein tieferes Verständnis, Einsichten und Klarheit zu gewinnen.

Obwohl sie nicht mehr im selben Projekt arbeiten, sehen die beiden sich hin und wieder und haben eine freundschaftliche Beziehung aufgebaut. Als Anne wehrhaftes Mitgefühl für sich selbst aufbrachte, war sie in der Lage, die Situation zu ändern. Wie der französische Schriftsteller Voltaire bereits im 18. Jahrhundert sagte: »Pflege deinen eigenen Garten.«

Entwickeln Sie Mitgefühl für sich selbst

Die Einstellung, die Sie sich selbst gegenüber haben, bringen Sie auch anderen entgegen. Wenn Sie sich selbst hassen, dann hassen Sie auch andere. Mitgefühl, der Weg des Friedvollen Kriegers, bedeutet, zuallererst sich selbst zu lieben.

Es war einmal ein kleiner Wald. In diesem Wald stand eine riesige Eiche. Doch die Eiche ließ ihre mächtigen Äste hängen. Als die Eiche gefragt wurde, was denn mit ihr los sei, antwortete sie: »Ich fühle mich so unvollkommen, weil ich nicht so groß und majestätisch wie die Kiefer bin.« Der Besucher sah die Kiefer an und bemerkte, dass sie trocken und spröde wurde. Er fragte die Kiefer, was sie quäle, und die Kiefer antwortete: »Ich fühle mich so unzulänglich, weil ich nicht kriechen kann wie die Weinranke.« Der Besucher wandte sich der Weinranke zu und sah, dass sie welkte und Blätter verlor. Als er sie nach dem Grund dafür fragte, gestand die Weinranke, dass sie sich mit Makeln behaftet fühle, da sie nicht so gerade und hoch wachsen könne wie die Distel.

Der Besucher ging zur Distel und diese sagte: »Ich bin nur eine Distel. Aber ich gehe davon aus, dass die Kraft, die den Wald schuf, eine Eiche gepflanzt hätte, wenn sie eine Eiche gewollt hätte. Und eine Kiefer, wenn sie eine Kiefer gewollt hätte. Aber sie pflanzte mich, also muss sie mich gewollt haben.«

Wir alle haben eine einzigartige Aufgabe im Leben. Jeder Einzelne von uns hat etwas zu sagen, anderen mitzuteilen und seine eigene Art, dies auszudrücken. Es ist nur eine Frage des Sich-selbst-Annehmens, was gleichbedeutend damit ist, Mitgefühl für sich selbst und Dankbarkeit für das eigene Dasein zu empfinden.

In der Natur ist alles so, wie es sein soll. Die Rosen erblühen wunderschön, weil sie nicht versuchen, Lavendel oder Iris zu sein. Aus dem Orangenkern wächst ein Orangenbaum, aus einer Haselnuss wird ein Haselstrauch. Sagen Sie sich, so oft es geht: »Ich bin glücklich, wie ich bin.« Alles beginnt bei Ihnen: Indem Sie sich gestatten, so zu sein, wie Sie sind, und Mitgefühl für sich zu haben, fließt in Ihnen unendlich viel Mitgefühl, das Sie teilen können. Lieben Sie sich selbst, bemuttern Sie sich, gehen Sie gnädig mit sich um.

Das ist der Weg des Friedvollen Kriegers.

Die Schwierigkeit liegt darin, dass man uns nicht beigebracht hat, uns selbst zu lieben. Man trichterte uns ein, dass wir Liebe von anderen *bekommen* würden. Und dass man etwas *tun* müsse, um dieser Liebe wert zu sein, dass wir so, wie wir sind, nicht liebenswert seien. Wir lernen zahllose »Du solltest« und »Du musst«, denen wir unmöglich gerecht werden können. Daher müssen Sie mit dem ersten Schritt alles »Sollen« abstreifen und sich selbst so annehmen, wie Sie sind.

Meditationen zur Erlangung von Mitgefühl

Es folgen nun einige Techniken, mit denen Sie das Mitgefühl in sich wecken können. Dabei beginnen wir mit dem Mitgefühl für sich selbst.

Stellen Sie sich vor, Sie seien ein Kind

Sehen Sie sich selbst als kleines Kind. Gehen Sie so weit wie möglich in Ihrer Erinnerung zurück. Haben Sie Schwierigkeiten bei dieser Vorstellung, dann schauen Sie das früheste Foto an, das von Ihnen existiert. Senden Sie diesem kleinen Kind Ihre Liebe und Ihr Mitgefühl. Vielleicht umarmen Sie das Kind sogar in Gedanken.

Drohen andere Gedanken und Gefühle Sie abzulenken, so erinnern Sie sich sanft daran, zu den Gedanken und Gefühlen der Liebe und des Mitgefühls zurückzukehren. Seien Sie mit Ihrem Urteil über sich zurückhaltend, falls sich die Übung als schwierig erweist. Bringen Sie sich Mitgefühl entgegen. Machen Sie es so gut, wie Sie können, und denken Sie daran, dass es mit der Zeit einfacher wird. (Erkennen Sie die Ironie darin, wenn Sie hart mit sich ins Gericht gehen, weil Sie die Übung in Mitgefühl nicht perfekt genug beherrschen?)

Achten Sie auf Gedanken des Selbsthasses, die sich einstellen können. Verstärken Sie das Leid nicht, sondern nutzen Sie es als Trittstein zu mehr Selbstliebe und sagen Sie sich: »Ich war so lange Zeit so hart zu mir, dass ich diese Übung kaum zustande bringe. Ich brauche alles an Liebe und Mitgefühl, was mir nur zur Verfügung steht.«

Als Nächstes sehen Sie sich als etwas älteres Kind und wiederholen das Ganze. Vergessen Sie nicht, sich dabei im Geiste zu umarmen. Gehen Sie weiter zur Pubertät (einer Zeit, in der wir Mitgefühl und Umarmungen besonders stark brauchen). Machen Sie in Schritten von fünf bis zehn Jahren weiter, bis Sie Ihr gegenwärtiges Alter erreichen. Nun machen Sie dasselbe, was Sie für die jüngeren Ausgaben Ihres Ichs getan haben - baden Sie in Liebe und Mitgefühl für sich selbst, während Sie sich umarmen.

Sollten Sie Probleme mit dieser Übung haben, dann versuchen Sie, nur zu beobachten. Erlauben Sie ihr, nur da zu sein, nehmen Sie die Übung ohne Wertung an. Sie werden Einsichten und Verständnis für sich gewinnen.

Würdigen Sie sich, würdigen Sie andere

Starten Sie in den Tag, indem Sie am Morgen fünf Minuten daran denken, dass wir uns alle dasselbe wünschen (glücklich zu sein und geliebt zu werden) und dass wir alle miteinander verbunden sind. Liebe und Glück sind das, was wir alle wollen, auch wenn wir es uns selbst gegenüber manchmal nicht zugeben können. Das liegt vielleicht daran, dass wir glauben, es nicht zu verdienen, oder Angst haben, es nie zu bekommen. Damit wir etwas bekommen, das wir uns wünschen, müssen wir als Erstes eingestehen, dass wir es wollen. Indem wir uns selbst und andere würdigen, pflegen wir den Samen der Liebe in unseren Herzen. Dort kann er wachsen und gedeihen, bis er zur vollen Blüte des Glücks und der Liebe gereift ist.

Nehmen Sie sich jetzt fünf Minuten Zeit und atmen Sie ein - würdigen Sie sich selbst - und aus - würdigen Sie die anderen. Fällt Ihnen das bei manchen Menschen schwer, so schließen Sie diese trotzdem ein. Übertragen Sie diese Einstellung auf jeden Menschen, den Sie an diesem Tag treffen. Üben Sie, jeden zu würdigen, von der Bedienung im Supermarkt bis zu Ihrem lästigsten Klienten, von Ihrem Partner oder Elternteil bis zu Ihren Kindern. Würdigen Sie die Menschen, die Sie lieben (einschließlich Ihrer selbst), und die Menschen, die Sie nicht mögen. Erlauben Sie sich, die unbegrenzte Liebe und die Anerkennung zu fühlen, die bereits in Ihrem Herzen lebendig sind.

Karuna

Im tibetischen Buddhismus legt man sehr viel Wert auf die Entwicklung des Mitgefühls (Karuna). Man sagt, es sei das »Zittern des offenen Herzens im Angesicht des Leides«. Eine häufig praktizierte Übung dazu läuft wie folgt ab:

Sitzen Sie still da und fühlen Sie die Verbindung mit sich selbst oder zu jemand anderem. Wiederholen Sie dabei immer und immer wieder den gleichen Satz, zum Beispiel: »Mögest du sicher sein, mögest du glücklich sein, mögest du gesund sein, mögest du unbeschwert leben.« Sie können diese oder auch ähnliche Formulierungen verwenden. Wichtig dabei ist, dass sie positiv sind und das Schöne im Leben hervorheben.

Bei den Übungen in Mitgefühl geht es darum, sich auf die leidenden Aspekte eines Menschen einzustimmen. Achtsamkeit gegenüber dem Leid erweckt das Mitgefühl.

Im Allgemeinen benutzen Sie immer denselben Satz, den Sie ständig wiederholen. Traditionell lautet dieser: »Mögest du frei von Leid sein.« Auch Folgendes ist möglich: »Mögest du frei von Schmerz und Trauer sein.« Geht es um ein bestimmtes Leiden, so kann man den Satz entsprechend abändern: »Mögest du frei werden von deiner Trauer.« Für Trauer setzt man dann das Entsprechende ein wie Angst, Krankheit oder dergleichen.

Manche Menschen meinen, die Formulierung »Mögest du frei sein von ...« könnte zu einer unterschwelligen Abneigung führen, so als würden wir sagen: »Mögest du es los sein.« Diese Deutung entspricht nicht unbedingt der traditionellen Aussage des Satzes, aber es ist durchaus möglich, dass manche Menschen es so auffassen. In so einem Fall sagen Sie vielleicht besser: »Ich teile dein Leid« oder: »Ich teile deinen Schmerz und deine Trauer.«

Übungen in Mitgefühl sind eine wertvolle Hilfe auf dem Weg zum Erwachen. Sie sind wie ein Goldfund auf der Straße und können an jedem Punkt Ihrer Meditationsreise durchgeführt werden. Sie erinnern uns ständig daran, dass Leid ein unvermeidlicher

Bestandteil des Lebens ist, der uns mit allen lebenden Wesen verbindet.

Der große Wert des Mitgefühls wird paradoxerweise gerade dann offenbar, wenn wir von Leid überwältigt werden, sei es vom eigenen oder dem anderer Menschen.

Übungen in Mitgefühl verbinden uns auf unglaubliche Weise direkt mit der Wahrheit unserer gegenwärtigen Existenz. »Möge ich frei von Leid sein.« Oder: »Ich teile dieses Leid.« Das Herz lässt sich rasch erweichen angesichts des schmerzvollen Zustands des Verstandes, da dieser weniger bedrohlich, weniger fremd, weniger überwältigend erscheint. Der Satz löst Mitgefühl aus, das gleichberechtigt neben den Problemen den Verstand durchdringt. Durch die Kombination von beidem kommt es zu einer tief gehenden Annahme der Situation, so wie sie ist, der Annahme seiner selbst, so wie man ist, und des menschlichen Daseins, so wie es ist.

Unsere Meditationsübungen werden besonders anmutig, wenn wir einen Geisteszustand erreichen, in dem wir nicht im Geringsten den Wunsch verspüren, es möge irgendwie anders sein.

Mitgefühl kann zu einer Straße werden, auf der wir schwierige Erfahrungen durch tiefes Verständnis umwandeln. Das mitfühlende Herz ist groß genug, den Schmerz ohne Klage zu umfassen.

Mitgefühl ist kein Zustand des Leidens, sondern der göttlichen Beständigkeit. Daher sind nicht nur die Klagen des Herzens verstummt, sondern es ist erfüllt mit reiner Freude. Da Mitgefühl vom Leid entflammt wird, ist es kein überschwängliches Gefühl oder ein Zustand völligen Entzückens. Es ist wie das Gefühl, das sich bei einem Sonnenuntergang einstellt: Schönheit, gemischt mit ein wenig Bekümmertheit, weil der Tag zu Ende geht. Wird der Kummer zu stark, kann er in Trauer oder Leid umschlagen. Ist aber auch der Gleichmut gegenwärtig, so vermag Mitgefühl das Leid auszugleichen. Gehalten von den Armen des Mitgefühls entspannen unsere Herzen, heilen und öffnen sich der ganzen Welt.

Zur Erinnerung

Im Folgenden ein paar Vorschläge, die Ihnen helfen, Mitgefühl für sich selbst zu entwickeln:

1 ☼ ***Tun Sie jeden Tag etwas, das Ihr Mitgefühl für Sie selbst ausdrückt.***

Verpflichten Sie sich selbst gegenüber, diese Übung zwei Wochen lang durchzuführen. Versuchen Sie danach, jeden Tag etwas zu tun, das Ihrem Mitgefühl für andere Ausdruck verleiht.

2 ☼ ***Verabreden Sie sich mit sich selbst.***

Gehen Sie in Ihre bevorzugte Kunstgalerie, an den Strand, ins Theater oder ins Kino. Essen Sie in Ihrem Lieblingsrestaurant. Tun Sie etwas nur für sich, lassen Sie alle anderen außen vor.

3 ☼ ***Stellen Sie Blumen ins Büro, um Ihren Tag zu verschönern.***

Sollte Ihnen jemand deswegen Fragen stellen, so sagen Sie, die Blumen kämen von jemandem, der Sie gern hat.

4 ☼ ***Bringen Sie sich selbst Wertschätzung entgegen.***

Halten Sie inne und atmen Sie tief durch. Spüren Sie für einige Augenblicke die Wertschätzung, die Sie für sich selbst empfinden. Würdigen Sie sich ohne bestimmten Grund, einfach, weil es Freude macht. Denken Sie als Nächstes an etwas, das Sie an jemand anderem besonders schätzen. Lassen Sie diese Person auf irgendeine Weise wissen, dass Sie sie schätzen.

5 ✹ *Bringen Sie Ihren Freunden, Kollegen und Familienmitgliedern Achtsamkeit entgegen.*

Freundschaft zu erleben, sich zu jemandem hingezogen zu fühlen oder ein Gefühl der Zugehörigkeit zu empfinden hilft sehr dabei, Mitgefühl zu entwickeln. Nehmen Sie sich fünf Minuten Zeit, sitzen Sie nur da und fühlen Sie die Verbundenheit mit einem oder mehreren dieser Menschen. Fühlen Sie, wie Ihr Herz sich Ihnen und den Betreffenden öffnet. Lassen Sie sich auf das *Erlebnis* ein, diese Person oder diese Menschen in Ihrem Leben zu haben.

8 ☼ Erleuchtung in der Mittagspause: Verbinden Sie Arbeit und Meditation

Oftmals erzählen mir Menschen, dass sie keine Zeit zum Meditieren hätten. Manchmal reagiere ich darauf mit der Frage: »Aber fürs Mittagessen haben Sie Zeit, oder?« Meditation nimmt nicht sehr viel Zeit in Anspruch. Ihre Mittagspause reicht völlig aus. Vor kurzem erklärte ich einer Gruppe von Mitarbeitern der Tageszeitung *San Francisco Chronicle*, dass die Mittagspause sogar zur Meditation werden kann.

Phyllis Kittleson aus der Personalabteilung des *Chronicle* organisierte die Veranstaltung. Sie hatte dafür gesorgt, dass für alle Teilnehmer eine Lunchtüte bereit stand. Unsere Sitzung war auf 45 Minuten beschränkt, da Zeitungsleute ständig unter hohem Termindruck arbeiten. Nachdem alle sich gesetzt hatten, bat ich sie, ihre Tüten auszupacken und langsam zu essen. Dabei sollten sie das jeweilige Aroma, den Geschmack, die Konsistenz genussvoll wahrnehmen. Ich bat die Teilnehmer, wenn möglich mit geschlossenen Augen zu essen. Diese ungewöhnliche Bitte überraschte sie zwar etwas, aber sie erklärten sich bereit, es zu versuchen.

Da sie alle bequem auf ihren Stühlen saßen, forderte ich sie auf, ihre Achtsamkeit auf den Körper zu richten. Sie sollten sich des Geschmacks in ihrem Mund bewusst sein, spüren, wie sehr sie die von ihnen gewählten Speisen genossen, wie leicht ihr Verdauungssystem die Nahrung verarbeitete. Ich ermunterte sie, völlig gegenwärtig in der Wahrhaftigkeit des Augenblicks zu sein, sich für diese kurze Zeitspanne ganz und gar auf das einzulassen, was sie gerade taten: nämlich essen und sonst nichts. Mir war gesagt worden, dass die meisten Angestellten des *Chronicle* ihr Mittagessen normalerweise am Schreibtisch verzehrten, ohne die Arbeit zu unterbrechen. Ihre Mittagspausen werden untermalt vom Straßenverkehr, klingelnden Telefonen, Gelächter und Gesprächen. Die Geräusche, die in unsere Mittagspause eindrangen – das Öffnen und Schließen der Tür, das Rascheln der Tüten von Leuten, die sich verspäteten, ja sogar meine eigene Stimme –, arbeitete ich in die Meditation ein. Ich wollte, dass die Anwesenden lernten, entspannt und aufmerksam zu bleiben, ohne sich von den Aktivitäten um sie herum stören zu lassen.

Das ist einer der besonderen Tricks bei der Meditation. Sobald Menschen dieses Gefühl einer entspannten, aber gebündelten Aufmerksamkeit kennen gelernt haben und verstehen, dass ihr Körper im größten Trubel ruhig und zentriert sein kann, empfinden sie es als gar nicht so schwer, unter ähnlichen Umständen auch im Büro entspannt zu bleiben.

Am Ende der Sitzung bestätigten mir alle, dass sie es genossen hätten, ihr Mittagessen auf diese Weise zu sich zu nehmen. Sie erzählten, dass sie sich gesättigter fühlten, sich weniger Gedanken darüber machten, wie viel sie aßen, und auch viel entspannter während der gesamten Dauer der Mahlzeit waren. Wir mussten alle lachen, als eine Frau sagte, es habe ihr sehr viel Spaß gemacht, mit geschlossenen Augen zu essen. Jedenfalls so lange, bis die Tomaten aus ihrem Sandwich herausrutschten. Eine andere Frau berichtete, sie hätte das Gefühl gehabt, gleich einzuschlafen. Ich erwiderte, dass dies ein Zeichen dafür sei, dass sie einen Ort tiefer Entspannung erreicht hatte, der sehr belebend und erfrischend auf den Körper wirken kann. Ein Mann konnte gar nicht glauben, wie schnell die Zeit vergangen war.

Wie und wo verzehren Sie normalerweise Ihr Mittagessen? Können Sie sich etwas Zeit nur für sich nehmen? Vielleicht fünf Minuten? Vielleicht auch länger? Niemand braucht zu wissen, dass Sie meditieren, während Sie Ihr Sandwich oder Ihren Salat kauen. Niemand braucht zu wissen, dass die Mittagspause die Tür zu Ihrer persönlichen inneren Zuflucht geworden ist: ein Ort, an dem alles zugelassen ist. Ein Ort, an dem Sie nur das tun, was Sie tun. Ein Ort, an dem Sie all Ihre Energie in sich selbst fließen lassen, Ihre Batterien aufladen können. Ein Ort, von dem aus Sie ganz entspannt, ruhig und voller positiver Gedanken an die Arbeit zurückkehren können.

Meditationen in der Mittagspause

Im Folgenden finden Sie Vorschläge für Meditationen in der Mittagspause, die Sie selbst ausprobieren können.

Essen Sie voller Achtsamkeit

Schließen Sie die Bürotür oder suchen Sie einen Ort, an dem Sie Ihr Mittagessen zu sich nehmen können, ohne gestört zu werden. Essen Sie langsam und bewusst, genießen Sie jeden Geschmack und jeden Sinneseindruck, der sich einstellt: die knackige und saftige Süße eines Apfels, das salzige Knacken eines Pommesstängels, den duftenden Trost einer dampfenden Tasse Tee. Kauen Sie langsam und spüren Sie, wie Ihr Körper die Nahrung aufnimmt. Essen Sie, was Ihr Magen verlangt, und nur so viel, wie er verlangt. Hören Sie nicht auf Ihre Augen. Lassen Sie Ihren Magen entscheiden, was Sie trinken. Trinken Sie langsam, genießen Sie den Geschmack, die Temperatur und das Aroma Ihres Lieblingsgetränks. Atmen Sie. Seien Sie Sie selbst.

Dies ist eine kürzere Variante der Essens-Meditation. Ich empfehle sie, wenn Sie nicht viel Zeit haben. Außerdem ist sie nützlich, wenn Sie sich auf Reisen befinden oder »unterwegs sind«, zum Beispiel im Flugzeug, im Auto, beim Picknick, auf dem Flughafen, am Busbahnhof oder in einem vollen Restaurant.

Gehen Sie im Park spazieren

Machen Sie einen Spaziergang im Park oder an einem anderen Ort, an dem Sie nach Möglichkeit Bäume und Blumen finden. Gehen Sie langsam. Gönnen Sie Ihrem Körper Entspannung. Atmen Sie. Lassen Sie Ihre Augen die Farben der Blumen, der Bäume, des Himmels genießen. Lassen Sie Ihre Ohren die Laute der Natur genießen oder die beruhigende Musik Ihres Walkmans. Leiten Sie Ihre Achtsamkeit in Ihre Füße. Seien Sie sich der Unterschiede der verschiedenen Oberflächen bewusst, der federnden Nachgiebigkeit des Grases, des Knirschens von Kies, der unebenen Steinplatten eines Gartenweges. Setzen Sie sich eine Weile auf eine Bank oder, angelehnt an einen Baum, auf den Boden. Lassen Sie die Anspannung aus Ihrem Körper in den Boden fließen. Verbringen Sie einen langen Moment damit, einen Baum anzusehen oder in den klaren blauen Himmel zu blicken.

Sitzen Sie einfach da

Setzen Sie sich für fünf Minuten – länger, wenn möglich – in einer bequemen Haltung auf einen Stuhl oder den Boden. Achten Sie darauf, dass Ihre Kleidung Sie nicht beengt, damit der Körper sich entspannen kann. Halten Sie den Rücken relativ gerade. Schließen Sie die Augen. Eine Binde kann den Stress für Ihre Augen reduzieren. Lenken Sie Ihre Achtsamkeit nach innen und beginnen Sie, Ihre Atmung zu beobachten. Es gibt keinen einzig richtigen Weg des Atmens, also müssen Sie Ihre Atmung auch nicht verändern. Sehen Sie einfach nur zu.

Diese einfache Übung kann die Produktion der Nebennieren reduzieren und den Blutdruck senken. Schon nach fünf bis zehn Minuten verringert sich die Adrenalinausschüttung und Sie werden das auch spüren. Ihre Erschöpfung nimmt ab und der Energievorrat Ihres Körpers füllt sich auf.

Hören Sie Musik

Wählen Sie beruhigende Musik aus, setzen Sie sich oder legen Sie sich hin und lauschen Sie der Musik. Sie können dies mit oder ohne Kopfhörer tun, das hängt ganz von den Umständen ab. Meine Lieblingsmusik sind *Shamanic Dream* von Anugama mit seinen sanften Erdrhythmen und *The Mystik Dance* von El Hadra, dessen Rhythmen mit dem Atem und dem Herzschlag übereinstimmen. Am Ende des Buches finden Sie weitere geeignete Vorschläge. Sie können auch meine Kassette *Guided Relaxation* ausprobieren (siehe Seite 220 f.). Schließen Sie die Augen und erfühlen Sie, ob die Klänge der Musik sich auf Sie zubewegen. Sie sind die Mitte. Versuchen Sie die Musik weder zu bewerten noch zu analysieren. Fühlen Sie sie nur überall um sich herum. Spüren Sie, wie sie von überall auf Sie einwirkt. Entspannen Sie Ihre Sinne und lassen Sie die Töne eindringen, sodass Sie flüssiger und offener werden. Töne werden nicht über die Ohren aufgenommen. Der Kopf ist für Worte zuständig, nicht für Töne. Das Zentrum der Töne sitzt tief in Ihrem Bauch. Lassen Sie sich von den Tönen der Musik tief in Ihre eigene Mitte tragen, die in Ihrem Bauch, fünf Zentimeter unter Ihrem Nabel, liegt. In Ihrer Mitte herrschen nur Stille, Frieden und Ruhe. Mit etwas Übung hilft Ihnen diese Meditation dabei, mit Ihrer Mitte, diesem inneren Hafen des Schweigens und der Stille, verbunden zu bleiben – ganz unabhängig von den Geräuschen, die Sie umgeben.

Gehen Sie in die Horizontale

Legen Sie sich einfach hin - auf eine Couch, auf den Boden, in einem Park - wo immer Sie sich gerade befinden und es angemessen ist. Schließen Sie die Augen. Erlauben Sie Ihrem Körper, loszulassen. Erlauben Sie der Anspannung, in den Boden oder in die Couch oder in den Fußboden abzulaufen. Spüren Sie den Halt unter sich. Ruhen Sie sich aus. Lassen Sie los. Diese Meditation ist besonders geeignet für Menschen, die das Gefühl haben, dass sie nichts und niemand unterstützt, dass sie alles ganz alleine auf die Reihe bekommen müssen.

Lassen Sie jedem Teil Ihres Körpers Achtsamkeit zukommen. Beginnen Sie in der Mitte, fünf Zentimeter unterhalb des Nabels. Bewegen Sie Ihre Achtsamkeit danach an Ihrem rechten Bein hinunter und das linke Bein wieder hinauf bis zur linken Kopfhälfte. Dann bewegen Sie sich die rechte Seite hinunter und kehren zu Ihrer Mitte zurück. Atmen Sie. Fühlen Sie Ihre Emotionen.

Es ist nicht wichtig, wie viel Zeit Ihnen zur Verfügung steht, es ist egal, wo Sie sich in der Mittagspause aufhalten, ob Sie in Ihrem Kabuff sitzen oder im Park. Sie können diese Zeit in eine Meditation verwandeln. Es ist keine Frage der Zeit, sondern entscheidend ist das Verständnis, was Meditation ist und was nicht.

Wenn Sie die Vorschläge in diesem Kapitel ausprobieren, könnte es sein, dass Sie auch eigene Übungsideen entwickeln. Es ist unglaublich, wie sehr einige einfache Techniken nicht nur Ihre Mittagspause, sondern Ihren gesamten Tag verändern.

Bringen Sie Achtsamkeit in Ihr Heim

Die gewöhnlichen Handreichungen unseres Alltags sind für die Seele wichtiger, als ihre Schlichtheit vermuten lässt.
Thomas Moore

Arbeit ist nicht nur das, was wir im Büro oder in der Mittagspause erledigen. Viele von uns schrecken genauso sehr vor den Aufgaben im Haushalt zurück: Kochen, Putzen, Waschen, Rechnungen bezahlen. Aber auch in diese Tätigkeiten können wir entspannte Achtsamkeit einbringen, die uns nicht nur wertvolle Zeit für uns selbst schenkt. Auch unser Zuhause wird diese Unbeschwertheit widerspiegeln.

Es gibt da diese Geschichte über den erleuchteten Zen-Meister Bankei in Japan. Er war ein ganz normaler Mensch. Eines Tages arbeitete er in seinem Garten. Da kam ein Mann vorbei, ein Suchender, ein Mann auf der Suche nach einem Meister, der zu ihm wollte. Er fragte Bankei: »He, Gärtner, wo finde ich den Meister?« Bankei lachte und erwiderte: »Warte einen Augenblick. Dann geh zu jener Tür dort drüben, öffne sie und tritt ein. Drinnen wirst du den Meister finden.«

Also ging der Mann zu der Tür und trat ein. Da sah er Bankei auf einem Thron sitzen, genau denselben Mann, der draußen als Gärtner gearbeitet hatte. Der Suchende herrschte Bankei an: »Willst du dich über mich lustig machen? Verschwinde sofort von diesem Thron. Das ist ein Sakrileg. Du bringst dem Meister keinen Respekt entgegen.«

Bankei stieg herunter, setzte sich auf den Boden und antwortete: »Jetzt wird es schwierig. Nun wirst du den Meister nicht finden können, denn der Meister bin ich.«

Wie Sie sehen, liebt es unser Ego, grandiose Dinge zu tun – Dinge, die uns (unserem Verstand) das Gefühl vermitteln, wichtig zu sein. Arbeiten wie Unkraut jäten im Garten, Geschirr abwaschen oder den Müll hinaustragen wirken auf uns minderwertig, sind »unter unserer Würde«. Widmen wir ihnen allerdings ein gewisses Gewahrsein, so können wir jede Handlung in etwas verwandeln, das es *wert* ist, unsere Zeit in Anspruch zu nehmen. Ob wir nun duschen, etwas mit den Kindern unternehmen, das Auto waschen, kochen, Rechnungen bezahlen, waschen oder joggen: Wir können all diese Tätigkeiten im Gewahrsein des gegenwärtigen Augenblicks verrichten. Auf diese

Weise heben Sie die Grenzen zwischen Haushaltspflichten und Spiel auf. Wenn Sie die drei Grundelemente Entspannung, Gleichmut und Achtsamkeit nicht vergessen, wird jede Aktivität zur Meditation.

Die Wurzeln dieser Vorstellung reichen weit zurück. Im Chassidismus des 18. Jahrhunderts wurde zum Beispiel die Askese aufgegeben zu Gunsten der Freude und Achtsamkeit, mit der alle Tätigkeiten ausgeführt wurden. So durchdrang sogar die profansten Handlungen ein Gefühl der Spiritualität. Anstatt es abzuwerten, befindet der Chassidismus das Gewöhnliche der Wertschätzung für würdig. Ganz ähnlich wird in der Zen-Tradition die alltägliche Handlung des Blumensteckens zur Meditation genutzt. Bei den Sufis wird dem Weben entsprechende Bedeutung beigemessen. Im Christentum sehen die Benediktinermönche ihre Gebete, ihre Liebe und Hingabe in ganz alltäglichen Tätigkeiten verkörpert: im Holzhacken, Kochen, Putzen oder Wasserholen am Brunnen.

Ich weiß noch sehr genau, welche Gefühle ich gegenüber dem Putzen hegte. Ich sah es als mühseliges Unterfangen an, das mich von dem abhielt, was ich eigentlich gerne tun wollte. Ich verschwendete meine Zeit. Durch meine Meditationsübungen wurde mir mit der Zeit klar, dass mein Verstand diese Wertung vornahm. Also entschied ich, ein Experiment zu wagen.

Ich wollte das Putzen aus einer neuen Perspektive betrachten und zur Übung im Beobachten nutzen, um die Arbeitsweise meines Ichs bei einer alltäglichen Verrichtung zu betrachten. Ich entdeckte, dass ich dem Putzen gegenüber eine »Das reicht völlig«-Haltung einnahm. Ich war weder eine Perfektionistin (»Da liegt doch noch ein Staubfussel auf dem Fußboden«), noch tendierte ich dazu, das Putzen auf die lange Bank zu schieben (»Darum muss ich mich noch nicht kümmern, es ist nicht einmal angestaubt.«). O nein, ich war eher der schnelle »Zewa – wisch und weg«-Typ.

Als ich dieses Verhalten näher betrachtete, fiel mir auf, dass ich diese Haltung auch vielen anderen Aktivitäten gegenüber an den Tag legte, ob ich nun einkaufte, mein Auto oder die Wäsche wusch. Ich versuchte diese Art von »lästigen Pflichten« in größtmöglicher Geschwindigkeit hinter mich zu bringen. Dabei war ich nicht wirklich im Augenblick gegenwärtig und sogar ein wenig ärgerlich, dass ich diese Dinge erledigen musste. Ganz sicher habe ich diese Tätigkeiten nie *genossen*. Freude war jenen Aktivitäten vorbehalten, die mein Ich für würdig hielt: einem Plausch mit Freunden, Party- und Kinobesuchen. Als ich mir diese Aktivitäten näher ansah, wurde mir klar, dass ich *sie* ebenfalls nicht immer genossen hatte. Mein Verstand versuchte mir einzureden, sie müssten mir Spaß machen, aber manchmal war das einfach nicht der Fall. Statt meines Herzens ließ ich meinen Verstand für mich entscheiden.

Das alles änderte sich, als ich beschloss, aus vollem Herzen zu putzen. Ich begann *für mich selbst* zu putzen, damit es sich in meinem Heim gemütlicher wohnen ließ. Der Vorgang des Putzens nahm dadurch eine völlig neue Dimension an. Mir fiel auf, dass ich sogar meine Abneigung gegen Schmutz überwand, als mir klar wurde, dass der Schmutz selbst etwas völlig Unschuldiges ist und sich mit einem Hauch von Achtsamkeit und der Liebe zur Klarheit ganz leicht entfernen lässt (natürlich gehört ab und zu auch etwas Ellbogenschmalz dazu).

Da ich seitdem dem Putzen bewusste Achtsamkeit entgegenbringe, kann ich jetzt erkennen, dass es nicht um glänzende Badezimmerarmaturen geht oder darum, die Erwartungen anderer zu erfüllen. Es geht um den Ausdruck und das Ausleben meiner Kreativität, meiner Schönheit, meiner Würde, meiner Freude, meiner Liebe. Und um meinen unbewussten Widerstand, mit mir selbst im Reinen zu sein.

Wenn ich jetzt putze, dann höre ich dabei meine Lieblingsmusik, stelle den Kessel für Teewasser auf und mache alle Fenster weit auf, um frische Luft hereinzulassen. Anschließend gönne ich mir eine kostbare Pause. Wenn es warm genug ist, sitze ich auf der Veranda und genieße zusammen mit meiner Katze, den Vögeln, Bäumen und Blumen den Sonnenschein. Ich versuche einfach nur im gegenwärtigen Augenblick auszuruhen, nirgendwo als im Hier und Jetzt zu sein und zu genießen, *was ich habe.*

Wir haben jeden Tag aufs Neue die Wahl. Wir können negativ auf die Anforderungen reagieren, die an uns gestellt werden, oder wir können das Negative in Bedeutungsvolles verwandeln. Die innere Einstellung ist alles. Wenn ich meiner Arbeit keine Bedeutung zumesse, dann wird es auch kein anderer tun. Wenn ich mir des Wertes dessen, was ich tue, nicht bewusst bin, dann wird es auch keinem anderen auffallen.

Es ist unschwer zu erkennen, woher unsere Abneigung gegen das Putzen rührt. Vielleicht wurden wir als Kinder unablässig darauf gedrillt, ein »sauberes« Leben zu führen. Vielleicht wurden wir ständig dazu angehalten, unser Zimmer aufzuräumen, den Müll hinauszutragen oder im Wohnzimmer keine Unordnung anzurichten. Die Art und Weise, wie wir als Kinder mit Putzen konfrontiert wurden, wird immer wieder ihren düsteren Schatten auf unser Verhalten als Erwachsene werfen und verhindern, dass wir eine klare Sicht unserer selbst haben und unser Heim *jetzt* sauber halten.

Die »lästige Pflicht« muss nicht unbedingt das Putzen sein. Auch das Einkaufen oder Kochen oder Bettenmachen kann uns lästig erscheinen. Jeder dieser Verrichtungen können Sie dieselbe Achtsamkeit und Gegenwärtigkeit entgegenbringen. Versuchen Sie es ruhig. Sie werden es merken. Entspannen Sie sich, werten Sie nicht. Beobachten Sie einfach nur und die Pflichten, die Sie einst verabscheuten, werden zur Meditation.

Gunnilla Norris schreibt dazu in ihrem Buch *Being Home*: »Wenn wir unser Heim säubern und aufräumen, dann säubern und bringen wir auch uns selbst irgendwie in Ordnung.«

Die Arbeiten im Haushalt müssen erledigt werden. Also haben wir zwei Möglichkeiten: Wir können sie entweder voller Widerwillen ausführen oder wir finden einen Weg, dabei Spaß zu haben. Überlegen Sie, wie Sie Ihre Haushaltspflichten fröhlicher gestalten könnten.

Versuchen Sie es auch mit der folgenden Selbstanalyse: Fragen Sie sich, was genau Sie an einer bestimmten Tätigkeit so sehr hassen, ob es nun um den Abwasch geht, den Müll, die Wäsche oder etwas anderes. Lesen Sie unter Umständen noch einmal Kapitel 4 über Gleichmut durch. Überprüfen Sie, ob Sie zu einigen alten Vorstellungen, die Ihnen in der Kindheit eingepflanzt wurden, Einsichten gewinnen. Dieses Verständnis wird Ihnen helfen, Ihre augenblickliche Situation ohne diese Vorstellungen zu betrachten.

Stellen Sie sich folgende Fragen:

- Haben Sie sich geschämt, Freunde nach Hause zu bringen? Weil es dort schmutzig war? Unaufgeräumt? Zu keimfrei? Zu perfekt?

- Wie sahen die besonderen Belohnungen in Ihrer Kindheit aus? Mussten Sie dafür zuerst Ihr Zimmer aufräumen oder andere Haushaltspflichten erledigen?

- Stritten sich Ihre Eltern darüber, wer welche Arbeiten im Haushalt übernehmen sollte?

- Denken Sie an das von Ihren Eltern über den Haushalt Gelernte zurück. Bei welchen Erinnerungen fühlen Sie sich gut? Welche rufen negative Empfindungen hervor?

Meditationen für den Haushalt

Arbeiten Sie schweigend

Versuchen Sie einmal Folgendes: Verrichten Sie Ihre Aufgabe schweigend, seien Sie gegenwärtig, wahrhaftig mit dem beschäftigt, was Sie gerade tun. Ist zum Beispiel der Abwasch Ihr Problem, so machen Sie eine Meditation daraus. Bemühen Sie sich bewusst, wahrhaft gegenwärtig zu sein, und lassen Sie Ihre Gedanken nicht abwandern. Säubern Sie das Geschirr langsam und mit Bedacht. Versuchen Sie nicht, den Abwasch so schnell wie möglich hinter sich zu bringen, sondern widmen Sie ihm Ihre volle Aufmerksamkeit. Ergeben Sie sich dem gegenwärtigen Augenblick. Sich völlig einer Aktivität hinzugeben kann Ihnen helfen, Ihr Bewusstsein bei dieser Tätigkeit zu verändern.

Die Zubereitung von Mahlzeiten

Bringen Sie Ihren Tätigkeiten vollkommene Achtsamkeit entgegen. Sprechen Sie nach Möglichkeit nicht. Bewegen Sie sich langsam in der Küche umher. Richten Sie Ihre Achtsamkeit auf die Nahrungsmittel und die Menschen, für die Sie die Mahlzeit zubereiten – einschließlich und ganz besonders Ihrer Person, ob Sie nun Gemüse klein schneiden, eine Soße zubereiten oder Pfannkuchenteig anrühren. Genießen Sie die Düfte, die Konsistenz, das Aroma und den Geschmack der verschiedenen Zutaten. Werden Sie sich Ihres Körpers bewusst. Entspannen Sie ihn. Spüren Sie, wie Ihre Füße auf dem Boden stehen. Da Sie diese Lebensmittel wahrscheinlich zu sich nehmen werden, sollten Sie ihnen zuhören. Sind sie zufrieden mit dem, was Sie zubereiten? Auch dieser Richtungswechsel in Ihrer Aufmerksamkeit kann Ihre Gefühle gegenüber der Aufgabe verändern.

Hegen Sie Ihren Garten

Pflanzen leben in der Erde und haben daher eine entspannende, erdende Wirkung auf uns. Vielleicht haben Sie das Glück, einen eigenen Garten zu besitzen. Wenn nicht, dann führen Sie die nachfolgende Übung mit Ihren Zimmerpflanzen durch. Wenn Sie sich um Ihre Pflanzen und Ihren Garten kümmern, so tun Sie dies langsam und mit Bedacht. Erinnern Sie sich Ihrer selbst, wenn Sie jäten und die Pflanzen gießen. Denken Sie daran, dass Sie ein Teil des ganzen Universums sind, genau wie die Pflanzen und die Erde. Nehmen Sie die Energie der Pflanzen in sich auf, während Sie ihnen Ihre Energie schenken. Erfreuen Sie sich an ihrer Gegenwart in Ihrem Leben. Nehmen Sie teil an ihrer wunderbaren Würdigung des Lebens.

Unsere täglichen Verrichtungen unterliegen einer göttlichen Ordnung. Ordnung richtet uns auf – sie ist wichtig für unsere Seele: Die Nacht folgt auf den Tag, Sonnenaufgang auf Sonnenuntergang, eine Jahreszeit auf die andere. Vielleicht fällt uns diese Ordnung nicht auf, da die Gleichförmigkeit unseres Lebens unsere Aufmerksamkeit vollauf in Anspruch nimmt. Wenn wir die Ordnung wahrnehmen, bringen wir das Heilige in unsere profane Welt. Wenn wir Aufräumen, Putzen, Gartenarbeit, Kochen, Ordnungschaffen zur Meditation machen, können wir all unsere »Pflichten« in einen Akt der Fürsorge und Liebe für uns selbst verwandeln.

9 Die Alchemie der Liebe: Gehen Sie tiefer

Liebhaben von Mensch zu Mensch: Das ist vielleicht das Schwerste, was uns aufgegeben ist, das Äußerste, die letzte Probe und Prüfung, die Arbeit, für die alle andere Arbeit nur Vorbereitung ist. [...] es ist ein erhabener Anlass für den Einzelnen, zu reifen, in sich etwas zu werden, Welt zu werden, Welt zu werden für sich um eines anderen willen, es ist ein großer, unbescheidener Anspruch an ihn, etwas, was ihn auserwählt und zu Weitem beruft.

Rainer Maria Rilke

Am Beginn meiner meditativen Reise, als ich noch viel jünger war, verliebte ich mich in einem Sommer in einen verheirateten Mann, der im selben Büro arbeitete wie ich. Bewusst und unbewusst habe ich immer nach Liebe gesucht – habe nach Erfüllung gesucht mit Freunden und Mitarbeitern oder in einer Liebesbeziehung. In diesem Fall wurde meine Liebe aber zum ersten Mal nicht erwidert. Mir gefiel diese Tatsache ganz und gar nicht und ich fühlte mich hin- und hergerissen. Was sollte ich mit meiner Liebe für den Mann anfangen? Sie unterdrücken und ihn dafür hassen? Mich selbst hassen? Raten Sie mal, was bei meinem Kampf mit der Realität herauskam: Schmerz und Leid, denn ich unterdrückte meine Liebe.

In jenem Sommer saß ich eines Tages mit meinem Meditationslehrer zusammen und ihm fiel auf, dass ich Kummer zu haben schien. Mir wurde klar, dass das immer noch mit dem verheirateten Mann zusammenhängen musste. Also erzählte ich ihm, dass ich mich in einen Mann verliebt hätte, aber dass die Sache aussichtslos wäre, weil er verheiratet sei.

John, mein Meditationslehrer, fragte mich daraufhin: »Wie sieht die Wahrheit aus? Liebst du diesen Mann?«

»Ja«, antwortete ich. Und nach diesem Ja, nachdem ich diese Wahrheit meines Herzens ausgesprochen hatte, spürte ich eine unglaubliche Erleichterung und tiefe Entspannung. Es fühlte sich so gut an, es auszusprechen. Mir wurde klar, dass ich ein Urteil über mich gefällt und mich selbst verdammt hatte. Dadurch hatte sich eine große innere Belastung aufgebaut, denn ich glaubte, es sei falsch, einen verheirateten Mann zu lieben. Ich lehnte mein eigenes Herz ab. Ich kämpfte mit mir selbst. Mein Herz liebte und mein Verstand sagte, ich dürfe nicht lieben. Ich war innerlich zerrissen. Dieser Zustand verursachte starken Stress.

»Weiß er, dass du ihn liebst?«, fragte John. »Nein«, antwortete ich. »Nun ja, du musst es ihm sagen«, erwiderte John. »Wann immer du jemanden liebst, musst du es ihm auch sagen. Nur so wirst du frei. Und du musst es ihm direkt sagen, nicht in einem Brief, sondern von Angesicht zu Angesicht. Du bist in der Liebe immer strategisch vorgegangen, Pragito: ›Wenn du mich liebst, dann liebe ich dich auch.‹ Es ist an der Zeit, bedingungslose Liebe zu lernen. Wahre Liebe braucht keine Strategie. Sie spricht es aus, ohne die Überlegung, wie die Antwort wohl ausfallen wird. Liebe ist kein Geschäft, sondern ein Geschenk, ein Geben.«

Ich wusste, dass er Recht hatte. Aber mein Stolz und mein Ego wanden sich bei dem Gedanken, jemandem meine Liebe zu gestehen, der sie nicht erwiderte. Ich beschloss, es trotzdem zu tun. Als ich diesem Mann meine Liebe gestand, merkte ich, wie meine ganze Angst sich auflöste. Ich spürte, wie mein Herz, mein Selbstvertrauen, meine Selbstachtung und Selbstliebe viel stärker wurden. Es war eine sehr wirkungsvolle Lektion über die Liebe. Wird der Liebe erlaubt, frei zu fließen, so wird die Furcht immer verschwinden. In der Liebe geht es nicht darum, was man vom anderen bekommt, sondern darum, was man selbst gibt. Liebe handelt davon, zuzulassen, was im Herzen ist, und es einer anderen Person zu schenken. Dabei ist es unwichtig, ob der oder die Betreffende diese Liebe erwidert oder nicht.

Sobald ich meine Abwehrhaltung ablegte, die Wahrheit meines Herzens annahm und diesem Mann meine Liebe gestand, war ich frei. Ich war nicht länger zerrissen. Ich war eins mit mir selbst. Der Mann nahm meine Liebe sehr einfühlsam entgegen, was ich unheimlich schön fand. Und das war ein weiterer Aspekt meiner Lektion. Hätte er mein Geschenk nicht angenommen, wäre das für mich sehr schmerzlich geworden. Wenn wir jemandem etwas schenken, so wünschen wir uns nichts sehnlicher, als dass diese Person das Geschenk auch annimmt. Also müssen wir ihr auch dafür danken, dass sie unser Geschenk annimmt. Wenn Menschen die Liebe, die wir ihnen geben möchten, ablehnen, dann ist es auch nicht angeraten, sie ihnen weiterhin anzutragen. Wir fügen uns damit nur selbst Schmerzen zu.

Als ich diesem Mann meine Liebe gestand, öffnete sich mein Herz und ich war in der Lage, weiterzugehen und jemanden zu treffen, der frei für mich war. Meine Beziehungen veränderten sich nach diesem Erlebnis. Anstatt nach Liebe zu suchen, begann ich, Liebe zu geben und stellte fest, dass sie mir in einem nie erwarteten Ausmaß zurückgegeben wurde. Ich fand heraus, dass die Quelle der Liebe in mir drin ruht und nicht irgendwo da draußen bei jemand anderem zu finden ist. Was ich suchte, das besaß ich bereits.

Auf der Grundlage dieser neuen Erkenntnis half mir die Meditation, mein Herz weiter zu erforschen, sodass ich zum Ursprung der Liebe wurde und mein Glück nicht länger von anderen abhängig machte. Ich wählte Übungen aus, die meine Gefühle freisetzten und meine Fähigkeit erweiterten, mich auf andere einzulassen, Fürsorge und Liebe zu empfinden. Besonders die Mystische-Rosen-Meditation und die Bewegungsmeditationen aus Kapitel 1 halfen mir, mein Herz zu öffnen. Sie heilten die Wunden in meinem Herzen und lösten alte Ängste auf, die mein Herz im Griff gehalten hatten.

Ich fand eine Freude im gegenseitigen Geben, die die Reibereien ersetzte, die dadurch entstehen, dass man auf die Erwiderung der eigenen Gefühle pocht. Ich entwickelte Mitgefühl für mich selbst. Meine Fähigkeiten, zu akzeptieren und Liebe zu geben, wuchsen. Der Zen-Dichter Ryokan fasst in Worte, was ich fühlte:

Der Regen hat aufgehört, die Wolken sind vorübergezogen und der Himmel ist wieder klar. Wenn dein Herz rein ist, dann sind alle Dinge deiner Welt rein. Dann geleiten der Mond und die Blumen dich auf deinem Weg.

Ich erzähle diese Geschichte, um Ihnen zu zeigen, wie ein Dreh- und Angelpunkt in meinem Leben mich bei meiner Suche nach Liebe auf einen neuen Weg brachte. Von außen nach innen, von »dem Anderen« zu mir selbst. Die Meditation war der Garten, in dem ich dieses zarte Gewächs einpflanzte, um es zu hegen und zu pflegen, bis es erblühte. Ich lernte außerdem, dass das wahre Gegenstück der Liebe nicht Hass, sondern Furcht ist. Durch die Furcht schrumpfte ich zusammen, durch Liebe wurde ich weiter. Durch die Furcht verschloss ich mich und durch die Liebe öffnete sich mein Herz. Ein ungeheures Vertrauen strömte aus meinem Herzen, das Vertrauen in mich selbst und in meine Fähigkeit zu lieben.

Die Wahrheit unseres Herzens auszusprechen befreit uns von den Vorstellungen des Verstandes, schenkt uns die Freiheit, das Leben, uns selbst und andere zu lieben. Das Leben liebt uns, wenn wir es ihm nur gestatten. Meine Situation half mir, dies zu verstehen. Es war keine Strafe, wie ich anfangs glaubte. Ich verhielt mich nicht töricht, sondern einfach nur menschlich. Ich war ein Mensch, der einen anderen Menschen liebte. Nicht die Liebe in meinem Herzen, sondern die festgelegten Denkmuster in meinem Verstand waren das Problem gewesen.

So viele von uns fürchten sich vor der Liebe. Wie gehen wir mit dieser Furcht am besten um? Die Meditation hilft uns auf unserer inneren Reise, unsere Aufmerksamkeit darauf zu richten, dass wir liebevoller werden. Nach und nach gehen die angsteinflößenden Manipulationen unseres Verstandes zurück. Durch wachsame Achtsamkeit können wir der Liebe in unseren Herzen Raum geben und wird sie nicht länger von unbewussten Ängsten zerstört.

Wenn wir beobachten, auf welche Weise wir der Liebe ausweichen, können wir bereits eine Menge lernen. Schließen wir uns aus und machen uns selber vor, dass wir sie nicht brauchen? Sind wir zu verzweifelt, zu fordernd, klammern zu sehr? Erdrücken wir andere Menschen, sodass sie davonlaufen? Die Meditation kann unser Gleichgewicht wiederherstellen, indem sie unsere Achtsamkeit darauf lenkt, dass wir uns selbst zuerst lieben lernen. Wenn wir uns selbst lieben, senden wir Liebe aus. Wir werden offen und sanft und unser Wesen strahlt Schönheit aus. Nur wenn wir uns selbst lieben, kann die Liebe zu uns kommen. Liebe kann, genau wie Meditation, weder käuflich erworben noch eingehandelt werden. Sie muss verdient werden. Dann tritt sie in unser Leben – sie ist ein Geschenk des Daseins. Wann immer die Liebe in Ihr Leben tritt, nehmen Sie sie an, akzeptieren Sie sie, erfreuen Sie sich an ihr. Sie schenkt Ihnen Ausgeglichenheit. Sie sind weder abhängig noch unabhängig, sondern ausgeglichen, in Ihrer Mitte.

Meditiere, finde zunächst deine eigene Mitte. Bevor du dich auf jemanden anderen einlässt, musst du dich auf dich selbst einlassen: Das ist eine grundlegende Regel, die erfüllt werden muss. Ohne sie ist nichts möglich. Mit ihr ist nichts unmöglich.
Osho

Mit den Jahren kam ich zu der Erkenntnis, dass eine liebevolle Einstellung mir selbst und meinen täglichen Begegnungen gegenüber mehr Liebe in mir selbst und in der Welt erzeugt. Hier nun ein paar Hinweise, wie Sie Liebe in die Welt tragen können:

Wie Sie liebevolle Empfindungen wecken

- Bringen Sie sich selbst mehr Liebe entgegen.

- Bringen Sie anderen Menschen mehr Liebe entgegen. Lieben Sie die Bäume, die Blumen, Ihre Nachbarn, Freunde und Mitarbeiter. Suchen Sie bewusst nach Wegen, wie Sie mehr Liebe schenken können. Geben Sie, ohne an eine Gegengabe zu denken.

- Wie ein Autoaufkleber so schön sagt: »Seien Sie einfach mal großmütig.« *Sie* werden sich gut fühlen.

- Fangen Sie mit kleinen Dingen an. Lächeln Sie die Menschen auf der Straße öfter an, die Kassiererin, Ihre Kollegen.

- Helfen Sie anderen Menschen. Und wann immer Sie die Wahl haben, großzügig zu sein oder sich streng an die Vorschriften zu halten, dann seien Sie großzügig. Geben Sie der Bedienung beim Trinkgeld einen Euro extra, rufen Sie einen Freund an, der gerade Probleme hat.

- Sagen Sie den Menschen, die Sie lieben, dass Sie sie lieben. Wann immer Sie jemanden lieben, teilen Sie es dieser Person mit. Auch wenn Sie meinen, dass die anderen es bereits wissen, sollten Sie ihnen von Zeit zu Zeit trotzdem sagen, dass Sie sie lieben. Wir alle müssen von Zeit zu Zeit mit eigenen Ohren hören, dass wir geliebt werden.

Meditationen, um sich der Liebe zu öffnen

Die folgenden Übungen sind besonders gut geeignet, mehr Liebe in Ihr Leben zu bringen. Sie können dazu auch meine CD

Opening to Love Meditation ausprobieren (Bestellinformationen auf Seite 220 f.).

Das 60-Sekunden-Innehalten

Diese erste Übung können Sie überall anwenden, wenn Sie das Gefühl haben, nicht mehr mit Ihrem Herzen verbunden zu sein. Schließen Sie die Augen. Nehmen Sie bewusst Ihr Herz wahr. Vielleicht verspüren Sie den Wunsch, eine Hand aufs Herz zu legen. Rufen Sie sich etwas ins Gedächtnis, das Sie mit großer Freude erfüllt: eine Person, einen Ort oder eine Begebenheit. Spüren Sie, wie die Erinnerung Ihr Herz mit Freude erfüllt. Diese wirkungsvolle und doch so einfache Übung wird die Liebe in Ihrem Herzen ermutigen, zu wachsen und auf diese Weise weitere Liebe anziehen.

Verspüren Sie mehr Liebe

Das Herz ist nicht nur ein Körperorgan, es ist auch ein spirituelles Gefäß. Je mehr Sie sich Ihres Herzens bewusst werden, desto mehr Liebe werden Sie empfinden, denn diese Liebe ist bereits in Ihnen. Sie muss nur geweckt werden. Wenn Sie die Hand eines Freundes halten oder ihn umarmen, so tun Sie dies mit Achtsamkeit. Achten Sie darauf, ob Sie es voller Wärme tun oder nicht. Achten Sie darauf, ob Ihre warme Lebensenergie auf den anderen übergeht oder nicht. Lenken Sie darauf Ihre Achtsamkeit. Die Energie folgt Ihrer Achtsamkeit. Versuchen Sie es einen Tag, eine Stunde lang oder auch nur bei einer Begegnung. Experimentieren Sie in unterschiedlichen Situationen mit verschiedenen Personen.

Wenn Sie jemanden ansehen, dann tun Sie dies mit den Augen der Liebe. Sonst sind die Augäpfel lediglich Steine, hart und kalt, ohne Herzlichkeit. Wenn Sie jemanden ansehen, so lassen Sie Ihre Liebe durch Ihre Augen strömen. Wenn Sie spazieren gehen, so strömen Sie Liebe aus. Wenn Sie sich das am Anfang bildlich vorstellen müssen, ist das völlig in Ordnung. Schon nach kurzer Zeit wird es Wirklichkeit. Den Menschen wird auffallen, dass Sie eine wärmere Ausstrahlung haben, dass es sich ausgesprochen gut anfühlt, sich in Ihrer Nähe aufzuhalten - es steigt ein Wohlgefühl auf. Bemühen Sie sich bewusst, der Liebe mehr Achtsamkeit entgegenzubringen und mehr Liebe zu verströmen.

Paar-Meditation 1

Dies ist eine einfache und dennoch wirkungsvolle Übung, um ein Gefühl tiefer Übereinstimmung bei einem Paar hervorzurufen. Es ist eine Summ-Meditation. Der Klang und die Schwingungen des Summens helfen den Partnern, dieselbe Frequenz zu finden. Ich empfehle Ihnen hierfür die CD *Osho Nadabrahma*, die speziell für diese Meditation geschaffen wurde (Bestellinformationen finden Sie auf Seite 220 f.).

Wenn ich mit einem Paar in einer Beratungsstunde arbeite, schlage ich grundsätzlich vor, dass die beiden sich mindestens einmal in der Woche Zeit zum gemeinsamen Meditieren nehmen sollen. Das hilft bei Uneinigkeit, wenn Sie unglücklich über etwas sind, wenn Sie über ein schwieriges Thema reden müssen, wie zum Beispiel den unterschiedlichen Umgang mit den Finanzen, Problemen mit den Kindern oder Schwiegereltern. Wenn Sie sich angewöhnen, vor einem Gespräch über schwierige Themen zusammen zu meditieren, sind Sie beide hinterher wesentlich entspannter und zentrierter. Das kann den Weg zu einer kreativeren Lösung ebnen.

Vielleicht wenden Sie diese Übung auch einfach nur an, um sich ohne Worte nahe zu sein, um sich aneinander zu erfreuen, sich für eine Weile vom Alltag zu lösen. Es ist eine großartige Möglichkeit, um vom »Etwas-zusammen-Tun« zum »Zusammensein« zu gelangen. Ich kann Ihnen versichern, dass diese Paar-Meditation sehr positive Auswirkungen auf Ihre Beziehung haben kann.

Sie sollten sich für diese Meditation mindestens eine Stunde Zeit nehmen und für gedämpftes Licht sorgen. Sie können diese Übung mit oder ohne Bekleidung durchführen.

Suchen Sie sich einen Ort, an dem Sie sich beide wohl fühlen und einfach nur schweigend zusammensitzen können. Sie sollten sich 15 Minuten lang gegenübersitzen und dabei die Hände ineinander verschränkt halten. Das wird Ihnen helfen, die Energie zwischen Ihnen in Gleichklang zu bringen.

Atmen Sie zunächst ein paar Minuten zusammen. Atmen Sie zusammen aus, atmen Sie zusammen ein. Stimmen Sie sich aufeinander ein. Atmen Sie, als wären Sie ein Organismus, als wären Sie nicht zwei, sondern nur ein Körper. Sehen Sie sich sanft in die Augen. Nehmen Sie sich Zeit, sich aneinander zu erfreuen, mit dem anderen ganz im Hier und Jetzt zu sein.

Danach schließen Sie die Augen und summen 30 Minuten zusammen. Wenn Sie die CD nicht zur Verfügung haben, dann stellen Sie einen Wecker, der nach Ablauf der Zeit läutet. Sie müssen die CD nicht unbedingt verwenden, aber ich empfehle dringend, nicht auf eine andere Musik auszuweichen. 30 Minuten scheinen eine lange Zeit zu sein, aber manchmal dauert es fast 15 Minuten, bis wir von unserem plappernden Verstand in unsere Mitte tief im Bauch gelangen. Die positive Wirkung ist am stärksten, wenn Sie volle 30 Minuten zur Verfügung haben. Sollte Ihnen diese Zeitspanne aber zu schwierig sein, dann versuchen Sie es zunächst mit mindestens 15 Minuten und weiten Sie die Übung von da an aus.

Summen Sie laut und mit geöffnetem Mund. Auf diese Weise gerät der ganz Körper in Schwingungen. Es ist keine spezielle Atemtechnik nötig. Wenn Ihnen danach ist, können Sie jederzeit die Tonlage ändern oder langsam Ihren Körper wiegen.

Nach einer Weile werden Sie spüren, wie Ihre Energien aufeinandertreffen, miteinander verschmelzen und eins werden.

Öffnen Sie am Ende langsam die Augen. Verbringen Sie weitere fünf Minuten schweigend miteinander und erfreuen Sie sich an der Gegenwart des anderen.

Paar-Meditation 2

Ich unterrichte noch eine weitere Variation der Paar-Meditation, die auf dem Tantra basiert. Obwohl das Wort Tantra heutzutage vielen Menschen vertraut ist, kursieren doch eine Menge falscher Vorstellungen darüber. Tantra, die uralte Kunst aus dem Fernen Osten, lehrt, sich selbst als Ganzes anzunehmen, von der festen Dimension unserer körperlichen Form bis zu den feineren Schichten der Seele.

In den meisten religiösen und spirituellen Lehren wird uns beigebracht, dass es zwischen Körper, Geist und Seele eine Trennung gibt. Die körperliche Form wird dabei als etwas »Nicht-Spirituelles« oder »Niedrigeres« eingestuft. Im Tantra ist der Körper nichts, dessen man sich schämen müsste, sondern die heilige Pforte zu unserem innersten Selbst. Er wird als heiliger Tempel angesehen, in dem die Seele ihre Wohnstatt hat. Daher wird ihm das hohe Maß an Respekt und Aufmerksamkeit gezollt, das einem solchen Tempel zusteht. Tantra ist die Aufforderung, in jedem Aspekt der menschlichen Erfahrungen eine Möglichkeit zur Freude und zum Gewahrwerden des Augenblicks zu sehen. Dadurch werden alle Gegensätze wieder in einer harmonischen und heilenden Einheit zusammengeführt. So schließt Tantra in seine Lehren auch die sexuelle Energie als Pforte zur Meditation und Zustand höheren Bewusstseins ein.

Ich empfehle Ihnen für die nächste Übung die Musik *Tantric Heart: Music for Lovers* von Shantro (Bestellinformationen am Ende). Falls diese CD nicht erhältlich ist, können Sie die Übung natürlich auch ohne oder mit einer anderen passenden Musik durchführen.

Versuchen Sie mit Ihrem Partner einen Zeitpunkt zu finden, an dem Sie beide wach und frisch sind. Legen Sie die Übung nicht an das Ende eines langen Arbeitstages oder auf den späten Abend. Ich rate Ihnen, 15 oder 20 Minuten für diese Übung aufzuwänden. Legen Sie sich nackt hin und wenden Sie sich Ihrem Partner zu. Liegen Sie so dicht beieinander, dass sich Ihre Bäuche berühren. Lassen Sie Ihren Atem tief in Ihren Bauch hinabreichen. Atmen Sie im selben Rhythmus ein und aus. Versuchen Sie Ihre Achtsamkeit auf den Atem zu richten und spüren Sie die Verschmelzung, wenn Ihrer beider Atem zu einem wird und die Grenzen zwischen Ihren beiden Körper sich aufzulösen beginnen. Spüren Sie, wie die Entspannung zwischen Ihnen sich vertieft, während Sie sich in der angenehmen Atmosphäre ausruhen, die die Musik schafft. (Wenn Sie die gemeinsame Energie dazu inspiriert, sich auf sinnlichere Weise zu bewegen, so lassen Sie dies ruhig zu. Bleiben Sie in Verbindung mit dem heiligen Einssein, das Sie gerade geschaffen haben.)

Lassen Sie sich am Ende der Übung ein paar Minuten Zeit, um mit geschlossenen Augen zusammen zu sein. Fühlen Sie die Verbindung und Liebe zu sich selbst und gleichzeitig auch die Verbindung und Liebe zu Ihrem Partner. Versuchen Sie zu spüren, dass Sie allein und doch nicht allein sind. Das ist eines der Geschenke der Meditation: ein Gefühl für uns selbst zu entdecken und dennoch zur selben Zeit mit anderen verbunden zu sein. Denken Sie an zwei Bäume, die nebeneinander stehen. Jeder wurzelt in sich selbst, aber ihre Zweige berühren sich.

Diese Übungen sind perfekte wortlose Möglichkeiten des Zusammenseins. Sie können eine wundervolle Harmonie zwischen Ihnen schaffen, die nicht nur Ihre Verbindung vertieft, sondern auch Probleme zu lösen hilft, die Sie miteinander hatten. Sie bringen Sie in Verbindung mit der Essenz der Liebe und Anerkennung, die Sie miteinander teilen. Paar-Meditation ermöglicht Ihnen eine solide Grundlage, um tiefer zu gehen. Ihre Beziehung beschränkt sich nicht länger auf die oberflächlicheren Ebenen des Verstandes und der Persönlichkeit. Sie beginnen miteinander in größerer Harmonie zu schwingen.

Wenn Ihre Beziehung in letzter Zeit unter einer gewissen Anspannung litt oder einfach »keine Zeit« für Sinnlichkeit übrig war, dann kann es etwas dauern, bis Sie sich wieder in Ihren Körpern wohl fühlen, wenn Sie zusammen sind. Vielleicht benötigen Sie sogar mehrere Sitzungen. Wenn Sie und Ihr Partner keinen körperlichen Kontakt mehr miteinander pflegen, dann empfehle ich Ihnen, die Übungen einmal wöchentlich am Abend oder Morgen auszuführen. Es würde mich sehr überraschen, wenn die Vertrautheit zwischen Ihnen nicht zu neuer Blüte gelangen würde.

Die Mystische Rose

Die Mystische-Rosen-Meditation ist zeitaufwändiger, aber auch wirkungsvoller. Sie führt Sie tiefer in Ihr Inneres hinein als die kürzeren Übungen und sie bedarf einer größeren Hingabe, nicht nur was den Zeitaufwand anlangt, sondern auch Ihre Bereitschaft, tief in sich selbst zu graben. Die positiven Auswirkungen halten ebenfalls länger an. Und da sie tiefer in Ihnen verwurzelt sind, führen sie zu grundlegenden Veränderungen auf seelischer, körperlicher und geistiger Ebene.
Die Technik wurde von Osho als zweite Übung seiner Reihe »meditativer Therapien« entwickelt. Da viele von uns nicht mehr in der Lage sind, schweigend dazusitzen, dienen diese Techniken als Brücke, um den Boden für tiefer gehende Meditationen zu bereiten. Sie sind perfekt geeignet, um mit dem Druck umzugehen, den der Lebensstil des 21. Jahrhunderts erzeugt. Sie sind so angelegt, dass sie uns von jahrelang unterdrückten Gefühlen, körperlichen Verspannungen und alten Denk- und Verhaltensmustern befreien, die uns behindern. So viel Energie ist in unterdrückten Emotionen gebunden. Indem wir die Gefühle herauslassen, können wir zu immer tieferen Schichten vorstoßen, loslassen, heilen.
Die Übungen öffnen unser gesamtes Energiesystem, arbeiten mit der Gefühlswelt, klären diese, bauen Stress, Schmerz, Kummer und Verzweiflung ab. Die körperliche und psychische Verwandlung, die diese Techniken bewirken können, erzeugt das Potenzial für mehr Liebe, mehr Anmut, mehr Flexibilität und mehr Freude in allen Aspekten unseres Lebens.
Ich habe die Mystische Rose für dieses Buch ausgewählt, weil sie eine der wirkungsvollsten und einfachsten Meditationsformen ist, die jemals geschaffen wurden. Ich halte sie für die größte Revolution in

der Meditation, seit Buddha vor 2500 Jahren die Vipassana entwickelte. Die Mystische Rose besteht aus einem dreiwöchigen Prozess mit drei Anwendungsstunden pro Tag. Die erste Woche ist dem Lachen vorbehalten, dem Ausdruck unserer natürlichen Lebensfreude. Die Lach-Woche ist eine großartige Möglichkeit, sich den eigenen Gefühlen stärker zu öffnen. Die zweite Woche ist dem Weinen gewidmet, der tiefen Heilung und Befreiung des Herzens. Nachdem wir aufgestaute Gefühle durch Weinen losgelassen haben, sind wir in der Lage, einfach nur dazusitzen und zu beobachten. Diese letzte Stufe ist das Herz der Meditation. So nannte Osho die dritte Woche, in der wir in tiefer Meditation sitzen, »den Wächter auf dem Hügel«. Diese führt zur Integration, zu einem Abschluss.

Die Mystische Rose ist für Anfänger wie für im Meditieren Fortgeschrittene eine großartige Technik.

Ich empfehle, während dieser Übungen sehr viel Wasser zu trinken. Wenn wir die Anspannungen unseres Körpers loslassen, ist es angeraten, den Körper nicht austrocknen zu lassen. Ich empfehle außerdem, dass Sie diese Meditation nach Möglichkeit in einer Gruppe und mit einem ausgebildeten Meditationslehrer durchführen. Wenn Sie sie zuerst allein oder mit ein paar Freunden probieren und danach feststellen, dass Sie gerne mit einem Lehrer arbeiten möchten, so finden Sie entsprechende Angaben zu Kursen auf meiner Website www.pragito.com oder speziell für Deutschland unter www.oshouta.de sowie www.osho-medigarten.de. Dort stehen auch weiterführende Hinweise, wie Sie sich zum Lehrer ausbilden lassen können.

Sollten Ihnen drei Stunden Meditation pro Tag entschieden zu lang vorkommen, so können Sie auch mit weniger, zum Beispiel fünf Minuten am Tag, beginnen. Dann erweitern Sie die Übung auf zehn oder 15 Minuten täglich. Wichtig dabei ist vor allem, dass Sie jeder Phase dasselbe Maß an Zeit widmen und dass Sie sie in der richtigen Reihenfolge absolvieren: Lachen, Weinen, Beobachten. Denken Sie allerdings daran, dass sich die positivsten Auswirkungen einstellen, wenn Sie diese Technik tatsächlich über drei Wochen hinweg drei Stunden täglich ausüben.

Phase eins: Lachen

Beginnen Sie damit, dass Sie einige Male »Ja-Huh!« schreien. Versuchen Sie mit nach oben gestreckten Armen zu schreien. Dadurch breiten sich in Ihrem Körper Wohlbefinden und ein positives Gefühl aus. Viele Menschen beginnen bereits zu lachen, wenn sie einfach nur »Ja-Huh!« von sich geben.

Als Nächstes setzen oder legen Sie sich hin. Dabei können Sie die Augen offen oder geschlossen halten. Lachen Sie ohne jeden Grund. Drei Stunden lang. Wenn es Ihnen hilft, so erzählen Sie sich dabei Witze oder spielen Sie ein Band mit Gelächter ab. (Sie können über meine Website www.pragito.com auch meine Lach-Kassette bestellen.)

Vielleicht liegen Sie dabei am liebsten auf dem Rücken. Viele können in dieser Lage besser die Bauchmuskeln entspannen und auch die Energie kann so freier fließen. Manche Teilnehmer decken sich mit einem Laken zu oder strecken die Beine in die Luft, um das kichernde Kind in sich zum Vorschein zu bringen. Alles, was dazu beiträgt, Sie Ihr inneres Lachen finden zu lassen, ist erlaubt. Wenn Sie die Übung mit anderen zusammen ausführen, dann hilft auch manchmal direkter Blickkontakt.

Im Anschluss an das dreistündige Lachen sitzen Sie schweigend da und beobachten sich für 15 Minuten. Dazu müssen Sie nicht ernst werden, Sie sollen Ihre Energie nur vor dem Ende der Übung in Ihrer Mitte erden.

Drei Stunden lang völlig grundlos zu lachen ist eine außergewöhnliche Erfahrung. Ich erinnere mich noch gut daran, dass ich mir vor meiner ersten Mystische-Rose-Meditation große Sorgen machte, nicht lachen zu können – schon gar nicht über einen so langen Zeitraum hinweg. Das Wundervolle am Lachen ist, dass es uns wahrhaft im gegenwärtigen Augenblick sein lässt. Wenn wir aber im gegenwärtigen Augenblick leben, dann gibt es keine Sorgen. Wir machen uns nur Sorgen, wenn unser Verstand uns in die Zukunft oder Vergangenheit trägt. Wenn Sie also Zweifel hegen, ob Sie drei Stunden lang lachen können, dann fangen Sie einfach an und lachen Sie.

Beobachten Sie, wie die Wellen Ihres Lachens Ihre Sorgen davonspülen.

Es ist gut möglich, dass Sie in Ihrem bisherigen Leben nie frei heraus gelacht haben. Also seien Sie nicht allzu überrascht, wenn Sie auf einige Hindernisse stoßen. Sollte dies eintreten, so schreien Sie »Ja-Huh!« oder geben Sie Kauderwelsch von sich (Unsinnslaute), bis das Lachen sich wieder einstellt. Wir werden voller Lachen geboren. Allerdings wurde dieses Lachen von Lehrern, Eltern und Gesellschaft unterdrückt. In der Lach-Woche werden Sie diese gesamte aufgestaute Energie freilassen und zurückerobern.

An dieser Stelle ein paar Hinweise, die Ihnen beim Lachen helfen sollen:

- Legen Sie viele Kissen im Raum aus. Es macht Spaß, mit ihnen zu spielen.

- Wenn Sie nicht lachen können, dann tun Sie einfach so. Sagen Sie »Ha! Ha! Ha!« oder etwas ähnlich Lächerliches. Ohne Zweifel werden Sie schon bald in ungekünsteltes Gelächter ausbrechen. Wenn Sie zu diesem Zeitpunkt allerdings immer noch nicht lachen, so behalten Sie ein Lächeln auf den Lippen, bleiben Sie in heiterer Stimmung und warten Sie auf die nächste Welle des Lachens. Sie wird kommen.

- Nehmen Sie das Gelächter anderer Menschen auf oder bestellen Sie meine Lach-Kassette, um Ihr Lachen aufrechtzuerhalten.

- Machen Sie diese Meditation in einer Gruppe. Andere Leute lachen zu hören kann das eigene Getriebe ölen. Wenn Sie diese Technik in einer Gruppe ausführen, so sprechen Sie dabei nicht. Kauderwelsch und Laute aller Art sind in Ordnung, aber vermeiden Sie Worte, die für Ihren Verstand einen Sinn ergeben. Versuchen Sie es einmal damit, Rücken an Rücken mit einer anderen Person zu sitzen, Hände oder Füße zu berühren. Auf diese

Weise bleiben Sie beide in Kontakt mit den ansteckenden Schwingungen des Lachens. Seien Sie nicht allzu überrascht, wenn Sie beide sich schließlich haltlos lachend auf dem Boden wälzen.

Widerstehen Sie der Versuchung, Vergleiche mit anderen Personen oder gar mit sich selbst zu ziehen. (Ihr Lachen wird jeden Tag anders klingen.) Schimpfen Sie nicht mit sich, wenn Sie es nicht »richtig« machen. Diese ganzen Vergleiche spiegeln nur die Sorgen des Verstandes wider, der stets darauf erpicht ist, zu werten und zu vergleichen, damit Sie immer an der Spitze stehen. Das Großartige an dieser Übung ist, dass es keine einzig wahre Art zu Lachen gibt.

Nach einer Woche werden Sie feststellen, dass Sie viele Schichten der Anspannung abgeschüttelt haben und sich extrem entspannt fühlen. Sie werden sich voller Energie fühlen, lebendig und positiv. Sie werden eine größere Achtsamkeit für die Komödie des Lebens entwickeln und eine neue Art von Humor an sich entdecken.

Phase zwei: Weinen

Ein Grund dafür, dass sich Menschen besser fühlen, nachdem sie geweint haben, mag darin liegen, dass sie durch ihre Tränen vielleicht Chemikalien herausgespült haben, die sich in Zeiten emotionalen Stresses aufgestaut haben. Emotionale Tränen sind von einer anderen chemischen Zusammensetzung als die Tränen, die infolge von Reizungen auftreten, wie etwa beim Zwiebelschneiden. Wenn wir emotionale Tränen vergießen, dann geschieht etwas Einmaliges. Der Ausdruck »alles aus sich herausweinen« kann im wahrsten Sinn des Wortes zutreffen. Die Menschen fühlen sich besser, wenn sie geweint haben.

Dr. William H. Fry III.
Crying: The Mystery of Tears

Die zweite Woche der Mystischen Rose ist dem Weinen gewidmet. Drei Stunden lang gestatten Sie sich jeden Tag, zu weinen und

Ihre Empfindungen zu spüren, ohne zu sprechen oder sie zu analysieren.

In der Woche des Weinens reinigen Sie alte Wunden und gewinnen neue Einsichten und Verständnis aus den alten Erinnerungen, die in Ihnen aufsteigen. Das Gewicht des Kummers abzuschütteln, den Sie vielleicht schon seit Jahren mit sich herumtragen, kann zu tiefer Entspannung führen.

Wenn ich diese Meditation lehre, dann erzählen mir viele Männer, wie sehr sie die Möglichkeit schätzen, sich zu entspannen und sie selbst zu sein, ihre Tränen und ihre Traurigkeit zu zeigen und verletzlich zu sein. Dadurch werden vor allem Risse zwischen Männern und Frauen geheilt. Viele Paare, die diesen Prozess gemeinsam durchlaufen, berichten, dass er ihnen größere Tiefe, mehr Mitgefühl und Verständnis in ihrer Beziehung vermittelt. Natürlich ist die Woche des Weinens auch für Frauen ausgesprochen heilsam.

An dieser Technik ist nichts Geheimnisvolles, wenngleich Sie vielleicht in einem abgedunkelten Raum leichter zu Ihrer Traurigkeit vordringen können. Setzen oder legen Sie sich hin, schließen Sie die Augen und tauchen Sie in all die Gefühle ein, die Sie zum Weinen bringen. Öffnen Sie sachte den Damm, der all Ihre aufgestauten Gefühle, Ihren Kummer und Ihre Trauer zurückgehalten hat. Lassen Sie die Tränen einfach fließen. Wenn Sie eine Zeitlang geweint haben und sich danach blockiert oder schläfrig fühlen, so versuchen Sie es mit etwas Kauderwelsch. Nehmen Sie die Embryohaltung ein, wiegen Sie Ihren Körper für eine Weile hin und her. Lassen Sie die Tränen kommen.

Im Anschluss an das dreistündige Weinen sollten Sie 15 Minuten still dasitzen. Beobachten Sie nur, was in und an Ihnen geschieht.

Während der Tränenübung sollten Sie darauf achten, weder einzuschlafen noch in Tagträume zu verfallen oder »abzuheben«. Ihr Verstand wird versuchen, Sie mit anderen Gedanken abzulenken, denn er will nicht die Kontrolle verlieren. Denken Sie daran, dass Ihr Verstand gelernt hat, Sie zu kontrollieren. Durch das Weinen lassen Sie viele alte Verhaltensmuster, mit denen Sie sich und Ihre Gefühle kontrollierten, endlich los. In dieser Woche ist es in Ordnung, dass Sie nicht in Ordnung sind.

Einer der wichtigsten Schlüssel hierbei ist das Annehmen. Wir erzeugen seelischen Schmerz, wenn wir gegen das ankämpfen, was aufwühlende Gefühle in uns wachrufen. Der Kampf führt zu neuen Schmerzen. Finden wir aber den Mut, das Geschehende anzunehmen, so heilen unsere Schmerzen schneller, als wenn wir ihnen Widerstand leisten.

Zwingen Sie sich nicht zum Weinen. Lassen Sie die Tränen einfach fließen. Tränen sind etwas Rätselhaftes – sie folgen ihren eigenen Gesetzen. An einigen Tagen der Tränenwoche werden sie in Bächen strömen, an anderen sanfter und leiser. An wieder anderen Tagen laufen vielleicht gar keine Tränen. Das alles ist in Ordnung. Bleiben Sie nur in Ihren Gefühlen gegenwärtig.

Bevor ich die Mystische Rose durchführte und die Tränenwoche erlebte, war mir nicht in vollem Umfang klar, was in all den Jahren mit mir geschah, in denen ich meine Gefühle unter den Teppich kehrte.

Geboren und aufgewachsen bin ich in England, in London. In dieser Umgebung wahrte man mit gezwungenem Lächeln die Fassung, trank eine Tasse Tee und tat, als wäre alles bestens. Die Engländer sind wahre Meister darin, ihre Gefühle zu unterdrücken und alles »unter Kontrolle« zu behalten. Ich lernte schon sehr früh meine Gefühle zu verbergen, zu unterdrücken und zu kontrollieren. So verbrachte ich meine Kindheit gefühlsmäßig wie betäubt. Ich kann mich nicht daran erinnern, jemals meinen Gefühlen Ausdruck verliehen zu haben.

Als ich die Mystische Rose das erste Mal durchführte, habe ich kaum geweint. Was stattdessen in mir aufstieg war Wut. Nach dem Durchbruch in der Lachw-Woche konnte ich mich des Gefühls nicht erwehren, dass ich genug Zeit meines Lebens mit Depressionen, Kummer und Schmerz verbracht hatte. Alles, was ich fühlte, war Wut. Also nutzte ich die Zeit des Weinens, um mit den Schmerzen in Berührung zu kommen, die unter der Wut verborgen lagen. Dabei stellte ich fest, dass Wut nichts anderes ist als aggressiver Schmerz.

Indem ich lernte, Wut und Schmerz voneinander zu trennen, fand ich auf einer viel tieferen Ebene zu Verständnis und Heilung.

Ein anderes Mal verspürte ich weniger Schmerz als Langeweile. Ich hakte ein wenig nach und entdeckte, dass ich Zugang zu viel tieferen Gefühlsebenen fand, wenn ich diese Langeweile zuließ und annahm. Dadurch, dass ich an den Gefühlen festhielt, brach schließlich der Damm und die Tränen begannen zu fließen. Es war das erste Mal, dass ich voller Mitgefühl für mich und Selbstannahme weinte, mit so viel Achtsamkeit und Bewusstsein, dass ich mich selbst heilte. Es war auch das erste Mal, dass ich bewusst die Verantwortung für meine schmerzhaften Gefühle übernahm und die Schuld nicht auf andere abwälzte.

Nach dieser Woche des Weinens veränderte sich im wahrsten Sinn des Wortes mein Erscheinungsbild. Ich konnte sehen, wie mein Gesicht, meine Augen, mein Hals, meine Kinnpartie und Schultern sich zu entspannen begannen. Ich sah um Jahre jünger aus, gesünder und lebendiger. Anstatt mich weiter an meinen Kummer zu klammern, fand ich endlich die Kraft, mich von dieser Last zu befreien. Ich konnte mich öffnen und meiner Seele gestatten zu singen. Das ist es, worum es in der Woche des Weinens geht: Wir müssen uns selbst von der Last alten Schmerzes befreien. Was allgemein als Schwäche ausgelegt wird, ist in Wahrheit eine der mächtigsten Heilkräfte der Erde.

Lachen wie Weinen lösen seelische Spannungen auf. Sie sind zwei Seiten derselben Münze. In der Mystischen Rose beginnen wir dennoch mit dem Lachen, da es uns leichter als das Weinen fällt. Das Lachen legt den Grundstein, damit wir uns öffnen können. Es hilft uns, in unsere Herzen vorzudringen, sodass wir am achten Tag bereit sind, zu weinen und zu fühlen. Nach sieben Tagen des Weinens fühlen wir uns dann gereinigt, offen und zutiefst entspannt. Wir sind bereit für die letzte Phase, in der wir die Prozesse des Lachens und des Weinens zusammenführen.

Phase drei: Der Wächter auf dem Hügel

In dieser letzten Phase der Mystischen Rose, mit dem Wächter auf dem Hügel, wollen wir nach all den seelischen Dammbrüchen und ihrem äußeren Ausdruck in der Meditation unsere Mitte finden. In den vergangenen zwei Wochen wurde eine Menge Raum in Ihnen geschaffen und Sie sind jetzt aufnahmefähiger für noch weitaus mehr Stille, Frieden und spirituelle Pflege.

Jeden Tag verbringen Sie drei Stunden zum Teil damit, still dazusitzen und Ihre Gedanken und Gefühle zu beobachten, als seien Sie Oshos Wächter auf dem Hügel. Diese Sitzungen werden von kurzen, sanften Tanzsequenzen unterbrochen. Dazu benötigen Sie einen gemütlichen Ort, bequem sitzende Kleidung und eine entspannende, sanfte Tanzmusik, die Sie sehr mögen.

Wählen Sie einen ruhigen Ort, an dem Sie sich wohl fühlen und ungestört sind. Setzen Sie sich entweder auf den Boden oder auf einen Stuhl. Halten Sie Kopf und Rücken gerade, aber nicht stocksteif. Schließen Sie die Augen, atmen Sie ganz natürlich und entspannen Sie sich. Beobachten Sie alles, was an Ihnen vorüberzieht, seien Sie ein Wächter auf dem Hügel. Dabei kommt es nicht darauf an, was Sie beobachten, sondern der Vorgang an sich ist die Meditation. Achten Sie darauf, sich nicht mit einem bestimmten Gefühl oder Gedanken zu identifizieren oder sich darin zu verlieren. Beobachten Sie nur, seien Sie Zeuge.

Nach 45 Minuten legen Sie sanfte Musik auf und tanzen eine Viertelstunde. Lassen Sie Ihren Körper seine eigenen Bewegungsabläufe finden. Gehen Sie sanft mit sich um, aber verlieren Sie sich nicht in der Musik. Sie sollen achtsam bleiben und weiterhin beobachten. Nach 15 Minuten setzen Sie sich wieder. Wiederholen Sie den Rhythmus von 45 Minuten Sitzmeditation und 15 Minuten Tanz noch zwei weitere Male, bis drei Stunden vergangen sind.

Beim Wächter auf dem Hügel geht es um Achtsamkeit, Fokus und Wachbleiben. Sie *tun* nichts Bestimmtes, sondern entspannen sich einfach nur. Allerdings sind Sie auf eine wachsame Art entspannt. In dieser Woche üben Sie die Depersonalisierung - die Fähigkeit, zurückzutreten und zu beobachten. Seien Sie im Augenblick gegenwärtig und beobachten Sie, was immer auch geschieht. Erlauben Sie allem, ohne Wertung ein Teil Ihrer Achtsamkeit zu sein, seien es Gedanken, Gefühle, Körperbewegungen oder Geräusche.

Wir sind es nicht gewohnt, nichts zu tun. Diese Meditation hilft uns, vom Tun zum Sein zu gelangen, vom Außen zum Innen. Wenn Sie bemerken, dass Sie abgehoben oder sich in Ihren Gedanken verloren haben, kehren Sie einfach wieder in den gegenwärtigen Augenblick und zum Beobachten zurück. Keine Wertungen, keine Vergleiche, keine Ziele, nur Da-Sein.

Verspüren Sie den Wunsch, Ihre Position zu verändern, so tun Sie dies voller Achtsamkeit. Dadurch wird die Bewegung zu einem Teil der Meditation. Sagen Sie zum Beispiel zu sich selbst: »In diesem Augenblick bewege ich mein Bein.« Dann beobachten Sie einfach die Gedanken, die vorüberziehen, die Gefühle, die auftauchen und vergehen. Der Verstand und das Ego werden versuchen, den Vorgang kompliziert zu machen, aber das ist er nicht. Es ist wirklich ganz einfach. Beobachten Sie wertungsfrei und mit absolutem Annehmen dessen, was ist.

Lassen Sie den Verstand vorüberziehen.

Stellen Sie sich vor, Sie sitzen hoch oben auf der Spitze eines Berges und beobachten, wie das Leben vorüberzieht, ohne dass Sie daran beteiligt oder darin verwickelt sind.

Das erste Mal, als ich den Wächter auf dem Hügel durchführte, war auch das erste Mal, dass ich eine Zeitlang in stiller Meditation verbrachte. Sie können mir glauben, zu Anfang war der Gedanke, eine Woche lang jeden Tag drei Stunden allein mit mir selbst in meinem Kopf zu verbringen, alles andere als eine aufregende Aussicht. Aber wie so oft in einem solchen Fall stellte sich die Realität als angenehme Überraschung heraus. Es fiel mir überhaupt nicht schwer, dazusitzen und die Veränderungen und Einsichten der vergangenen zwei Wochen in mich aufzunehmen. Hierbei geht es nicht darum, den Verstand abzuschalten – tatsächlich war mein Verstand höchst aktiv –, sondern darum, ihn beobachten zu lernen und das Bewusstsein zu entwickeln, dass wir nicht unser Verstand sind. Wie aus der Ferne können wir beobachten, was in unserem Verstand vorgeht.

Haben wir den Ort des Wächters oder Beobachters erreicht, dann sehen wir uns auf einmal wesentlich klarer und objektiver. Wir können all die Dramen unseres Lebens in entsprechender Perspektive und voller Mitgefühl betrachten.

Manchmal habe ich das Bild des Gärtnerns vor mir. Wir pflegen die Blumen (Intuition und Weisheit) unseres inneren Gartens. Um den Sämlingen die rechte Pflege angedeihen zu lassen, müssen wir vor Unkraut auf der Hut sein (negativen, angsterfüllten Gedanken und Urteilen), damit die Blumen zu voller Blüte gelangen. Wir müssen auch auf Eindringlinge achten, die unsere Blumen zertreten oder zerstören. Ist der Gärtner zu Hause (wacht, beobachtet, aber urteilt nicht), so sind die Blumen sicher. Sie können aufblühen und jedem, der vorübergeht, ihre Schönheit und ihren Duft schenken.

Werden wir zum Wächter auf dem Hügel, so befreien wir uns von der Vorherrschaft des Verstandes. Dadurch kann sich unsere innere Weisheit ungehindert entfalten. Dadurch wiederum wird jene Öffnung geschaffen, die wir benötigen, um jene Einsicht und Perspektive zu gewinnen, mit der wir unser Leben nach unserer eigenen Vorstellung gestalten können.

Teil drei

Der Feinschliff

Entwickeln Sie Ihre eigenen Übungen

Jenen, die gerne ein paar Vorschläge für die Entwicklung eigener Übungen hören würden, möchte ich in diesem Kapitel einige Ideen vorstellen, auf die man aufbauen kann.

Anfänger, die die Vorteile der Meditation kennen lernen möchten, finden außerdem einen Vorschlag, wie sie vorgehen können. Nach vier Wochen können Anfänger dann mit dem mittleren Programm beginnen oder auch mit anderen Techniken experimentieren. Das mittlere Programm bietet sich auch für Leute an, die ihre Meditationsübungen nach einer Unterbrechung wieder aufnehmen möchten. Das erweiterte Programm ist nicht nur für jene unter Ihnen gedacht, die bereits über Meditationserfahrung verfügen, sondern eignet sich auch für Leute, die einfach anfangen möchten und dabei mit den längeren Techniken zu beginnen wünschen. Das dynamische Programm ist besonders Anfängern zu empfehlen. Das Programm für Liebe, Vertrautheit und Mitgefühl wurde für jene entwickelt, die sich vom Partner oder eigenen Herzen abgetrennt fühlen.

Um bestmögliche Ergebnisse zu erzielen, sollten Sie sich *jeden Tag* etwas Zeit fürs Meditieren nehmen und mindestens *vier Wochen* lang jeweils eine Übung praktizieren. Danach können Sie entscheiden, ob Sie bei den betreffenden Techniken bleiben oder lieber einige austauschen möchten. Denken Sie daran, dass Sie Techniken finden sollten, die Ihnen Freude bereiten, Ihrem Lebensstil und Ihrer persönlichen Art entsprechen. Wir sind alle einzigartig. Was für Ihren Freund oder Ehepartner richtig und gut ist, passt vielleicht überhaupt nicht zu Ihnen. Ziehen Sie niemals Vergleiche. Bleiben Sie bei sich selbst und entwickeln Sie Ihre eigenen persönlichen Übungen.

Erzwingen Sie nichts. Wenn die Meditation nicht von vornherein zum Scheitern verurteilt sein soll, darf sie keine erzwungene Anstrengung sein. Zwang führt zu unterschwelliger Anspannung, zur Verkrampfung des Körpers. Einige von uns sind körperorientiert, andere orientieren sich am Herzen und wieder andere am Intellekt. Die in diesem Buch vorgestellten Techniken können von allen drei Menschentypen angewendet werden. Wählen Sie einfach eine Übung, die Ihnen Freude bereitet, und lassen Sie sich so tief wie möglich auf sie ein. Wenn Sie an einer Übung Freude haben, so bedeutet dies, dass sie Ihnen entspricht, dass eine feine Harmonie zwischen ihr und Ihnen besteht. Sie werden viel eher durchhalten, wenn Sie eine Meditation wählen, *die Ihnen gefällt.*

Loten Sie verschiedene Techniken aus. Haben Sie einmal die Entscheidung getroffen, Ihrem Leben mehr Achtsamkeit zu widmen, so sollten Sie mit verschiedenen Techniken experimentieren. Meditationstechniken sind wie ein Schlüsselbund und keine Liste mit feststehenden Antworten. Probieren Sie eine aus und stellen Sie fest, ob sie zu Ihnen passt. Ob der Schlüssel passt, werden Sie ganz leicht daran erkennen, dass die Meditation Ihnen Spaß macht. Räumen Sie jeder Meditation mindestens einen Monat ein, damit Sie sicher sein können, ob Sie sie mögen. Lassen Sie Ihre Freude die Messlatte sein. Wir müssen irgendwo beginnen. Es mag der falsche Anfang sein, aber durch ein bisschen Herumtasten können wir die Tür durchaus finden. Also beginnen Sie irgendwo. Egal wo. Wie schon das alte chinesische Sprichwort sagt: »Auch eine Reise von zehntausend Meilen beginnt mit einem einzigen Schritt.« Wenn Sie auf den eigentlichen Anfang warten, werden Sie sich niemals auf die Reise begeben.

Übungsprogramm für Anfänger

(vorgeschlagener Zeitrahmen: 5–10 Minuten pro Tag)
Denken Sie daran: Jeder kann mit dem Meditieren anfangen. Es sind keine speziellen Fähigkeiten vonnöten, Sie müssen lediglich bereit sein, sich darauf einzulassen.

1. Atmen Sie (Seite 41).
2. Gehen Sie im Park spazieren (Seite 151).

Bauen Sie diese Übung am Wochenende aus: Versuchen Sie es mit Schlendern (Seite 68).

Das mittlere Programm

(vorgeschlagener Zeitrahmen: 10–45 Minuten pro Tag)
Probieren Sie die folgenden Übungen für jeweils fünf bis zehn Minuten aus:

1. Haben Sie Spaß! (Seite 79)
2. Ruhig dasitzen (Seite 116).
3. Gehen Sie im Park spazieren (Seite 151).

Erweitern Sie die Übungen am Wochenende: Die Zubereitung von Mahlzeiten (Seite 159).

Das erweiterte Programm

Dieses Programm steht jedem offen, ob Anfänger oder Meditationserfahrener, wenn die Person nur willens ist, täglich mehr von sich und ihrer Zeit aufzubringen. Die Auswirkungen dieser längeren Meditationen reichen tiefer.

1. Dynamische Meditation am frühen Morgen (Seite 58). (Die Meditation nüchtern durchführen).
2. Essens-Meditation (Seite 118).
3. Gibberisch-Meditation (Seite 55): Zehn Minuten Kauderwelsch, zehn Minuten ruhig dasitzen (Sie können dazu meine Kassette *Gibberish Meditation* verwenden. Informationen auf Seite 220 f.).

Stressabbau: Kurzprogramm

Einige unter Ihnen möchten meditieren, um Stress abzubauen. Vielleicht haben Sie auch gehört, dass Meditation gut für die körperliche Gesundheit sei, besonders aber für das Herz. Das ist absolut richtig. Diese Techniken gehören zu den besten Stressabbauern, die ich kenne. Wenden Sie die Kurzmeditation an, wann immer Sie sich zu sehr unter Druck gesetzt fühlen, aber dennoch einige Minuten zum Meditieren frei machen können. Sollte Ihr Stressniveau besonders hoch sein und/oder können Sie sich mehr Zeit nehmen, dann sollten Sie es mit dem Langzeitprogramm versuchen. Ich bin sicher, Sie werden feststellen, dass es Ihnen zu tiefer gehenden und länger anhaltenden Ergebnissen verhilft.

1. Frühmorgens: Stehen Sie fest auf der Erde (Seite 42).
2. Seien Sie Ihrem Körper gegenüber achtsam (Seite 67).
3. Joggen (Seite 47).

Mit dem Stress umgehen: das Langzeitprogramm

1. Frühmorgens: Training im Fitnesscenter (Seite 47).
2. Essen Sie voller Achtsamkeit (Seite 150).
3. Schütteln (Seite 52).

Eine Morgen-Routine

Dies könnte all jenen gefallen, die im Schichtdienst arbeiten oder bereit sind, morgens eine halbe Stunde früher aufzustehen. Am Morgen sind wir am frischesten und am ehesten aufnahmebereit für den meditativen Zustand. Mit einer Meditation zu beginnen verändert den ganzen Tag.

1. Die 10-Minuten-Sitzung (Seite 44).
2. Einfach nur Tee trinken (Seite 117).

Das Programm für Liebe, Vertrautheit und Mitgefühl

Wenn Sie Probleme in Ihrer Beziehung haben oder sich einfach nur mehr Liebe und Vertrautheit in Ihrem Leben wünschen, dann sollten Sie diese Übungen ausprobieren. Sie sind ein einfaches, aber wirkungsvolles Mittel, um sich Ihre Wünsche zu erfüllen. Liebe beginnt damit, dass Sie sich selbst lieben. Also verwöhnen Sie sich und bringen Sie mehr Liebe in Ihr Leben.

1. Verspüren Sie mehr Liebe (Seite 167).
2. Paar-Meditation 1 (Seite 168).
3. Würdigen Sie sich, würdigen Sie andere (Seite 143).

Das Programm für den Umgang mit Gefühlen (einschließlich Ärger und Frustration)

Eine der wirkungsvollsten Möglichkeiten, aufgestaute Emotionen loszulassen, ist die Gibberisch-Technik. Wo immer Sie eine passende Gelegenheit finden, sollten Sie einfach alles herauslassen. Eine meiner Klientinnen stieg hierzu in der Mittagspause in ihr Auto. Sie werden überrascht sein, wie entspannt und ruhig Sie sich hinterher fühlen. Sobald Sie die »Aufladung« losgelassen haben, können Sie Situationen mit viel klarerem Kopf begegnen.

2. Gibberisch (Seite 55): Zehn Minuten Gibberisch, zehn Minuten schweigend dasitzen.

Das Programm zur Selbstfindung

Denken Sie an ein Thema, das einen wunden Punkt in Ihnen berührt und dem Sie eine Woche lang mehr Achtsamkeit widmen möchten. Dabei kann es sich um ein Problem im Beruf, mit der Familie oder mit Freunden handeln. Durch Meditieren können Sie Klarheit gewinnen und kreative Lösungen finden. Es kann sein, dass Sie nach einer Woche noch einmal genauso lange weitermachen möchten, vielleicht sogar einen ganzen Monat lang. Machen Sie weiter, bis Sie das Gefühl haben, die Übung wirklich abgeschlossen zu haben.

1. Ruhig dasitzen und abwarten (Seite 116).

Ein Programm für unterwegs

Auf Reisen weichen wir von der täglichen Routine ab – seien es unsere Essgewohnheiten, Fitnessübungen oder andere Tätigkeiten. Hier einige Vorschläge, wie Sie mit dem Stress einer Reise zurechtkommen. Diese Übungen können Sie überall und zu jeder Tages- und Nachtzeit durchführen.

Wenn ich zum Beispiel manchmal auf einem überfüllten, chaotischen Flughafen auf einen verspäteten Flug warte (spüren Sie die aufsteigende Frustration?), dann setze ich die Kopfhörer auf und höre Musik. Ich schließe diee Augen, spüre meine Füße auf der Erde und atme. Wenn wir eine Situation nicht beeinflussen können, sollten wir uns nicht vor Ärger verspannen, sondern um unserer selbst willen kreativ darauf reagieren.

1. Entspannen Sie Ihre Atmung (Seite 42).
2. Hören Sie Musik (Seite 152).
3. Essen Sie voller Achtsamkeit (Seite 150).

Vorbereitung auf ein Bewerbungsgespräch

Einige meiner Klienten haben mich gefragt, was ihnen vor einem Bewerbungsgespräch helfen könnte. Ich empfehle in diesem Fall besonders die folgende Übung, die Ihnen hilft, sich ruhig, zentriert und selbstbewusst zu fühlen. Vielleicht denken Sie sogar während des Gesprächs daran, nicht die Beine übereinander zu schlagen, Ihre Füße auf der Erde zu spüren und zu atmen. Je entspannter der Körper ist, desto entspannter sind auch Sie.

1. Technik zur Umwandlung von Angst in Liebe (Seite 203).

Vor einer Besprechung

Eine kurze Meditation vor einer Besprechung kann während der Verhandlungen positive Auswirkungen auf Ihre Beherrschung haben. Das Meditieren kann die Kommunikation und die Zusammenarbeit verbessern und Sie dazu ermutigen, andere Perspektiven zu entwickeln und Projekte auf andere Weise anzugehen.

1. Die 10-Minuten-Sitzung (Seite 44).

Welche Technik Sie auch wählen, Sie sollten sich dabei entspannen und sie genießen. Meditation ist keine ernste und strenge Sache, sondern etwas, das Freude schenken soll. Es geht nicht darum, etwas zu erreichen, sondern es kommt darauf an, einfach sich selbst zu entdecken. Versuchen Sie wahrhaft im gegenwärtigen Augenblick zu sein. Immer, wenn Sie vollkommen gegenwärtig sind, meditieren Sie auch.

Vergessen Sie nicht, dass Meditation und Entspannung aufeinander aufbauen. Nur der Anfang ist schwer. Sobald Sie dem meditativen Kern der Energie, der bereits in Ihnen existiert, Ihre Achtsamkeit zuwenden, wird dieser wachsen. Mit der Zeit erreichen Sie den Zustand des »absichtslosen Handelns«, wie er in der Zen-Tradition genannt wird, in dem all Ihr Tun so leicht dahinfließt, dass es völlig mühelos wirkt.

Fragen und Antworten

Nachdem Sie nun die Möglichkeit hatten, einige Meditationsübungen auszuprobieren, sind mit Sicherheit ein paar Fragen aufgetaucht. Auf den folgenden Seiten finden Sie ein Kapitel mit Antworten auf jene Fragen, die meine Schüler mir am häufigsten stellen. Das geht von Problemen mit Körperhaltungen bis hin zu der Frage, ob man beim Meditieren die Augen offen oder geschlossen halten sollte. Von dem Problem, wie man den Verstand zum Schweigen bringt, bis zu dem, wie man mit Ablenkungen umgeht. Ich hoffe, Sie finden auf diesen Seiten auch Antworten auf Ihre Fragen.

Mit der Beantwortung unserer Fragen sind allerdings weder alle Schwierigkeiten noch die Hindernisse beiseite gewischt, die auftauchen, wenn wir die Reise auf unserem inneren Pfad beginnen. Im nächsten Kapitel befassen wir uns mit den am häufigsten auftauchenden Problemen, auf die Menschen bei ihrer inneren Reise stoßen. Ich möchte Sie zum Durchhalten ermutigen. Wir alle müssen uns mit unseren Ängsten auseinander setzen, niemand bekommt diese Reise gratis geschenkt! Meiner Erfahrung nach wird es allerdings umso leichter, je länger Sie dranbleiben.

Frage: Muss ich die Augen schließen?

Nein, das müssen Sie nicht. Sie können auch mit offenen Augen meditieren. Anfängern empfehle ich allerdings, die Augen geschlossen zu halten, weil sie sonst zu leicht abgelenkt werden. Außerdem entspannen wir uns, wenn wir die Augen schließen. All die Energie, die vorher durch unsere Augen nach außen drang, kann jetzt nach innen fließen und so unsere Batterien wieder aufladen und uns neu beleben.

Frage: Kann ich an ein und demselben Tag mehr als eine Meditationstechnik anwenden?

Selbstverständlich. Greifen Sie zu Techniken, die Ihnen Freude bereiten. Wenn Sie kurze Übungen nehmen, dann können Sie am selben Tag durchaus verschiedene durchführen.

Frage: Muss ich beim Meditieren sitzen?

Nein. Wie Sie im Laufe des Buches feststellen konnten, gibt es viele Meditationstechniken, bei denen es nicht erforderlich ist, dass Sie sitzen. In diesem Buch können Sie aus vielen Möglichkeiten wählen.

Frage: Wie bringe ich meinen Verstand zum Schweigen?

Versuchen Sie es gar nicht erst. Entspannen Sie einfach Ihren Körper und beobachten Sie Ihren Verstand. Werden Sie zu seinem Beobachter. Lassen Sie die Gedanken vorüberziehen. Mit der Zeit werden Sie lernen, sich zu depersonalisieren und sich immer mehr aus dem Klammergriff Ihres unablässig plappernden Verstandes zu befreien.

Frage: Wie kontrolliere ich meine Gedanken?

Unterlassen Sie den Versuch, sie zu kontrollieren. Sie werden nur einen Kampf heraufbeschwören und damit noch mehr Probleme schaffen. Es ist völlig natürlich, dass Ihnen viele Gedanken durch den Kopf schießen – gute, schlechte, Gedanken aller Art. Der Verstand ist das Ventil unserer Kreativität. Sie müssen zum Beobachter Ihres Verstandes werden, Ihren Körper entspannen und urteilsfrei zusehen, wie Ihre Gedanken vorüberziehen. Das ist der Schlüssel. Mit der Zeit werden Sie langsam das Wissen entwickeln, wann Sie Ihren Gedanken Ihre Achtsamkeit widmen sollten – wenn Sie zum Beispiel neue Ideen zur Erweiterung Ihres Geschäfts haben – und wann Sie sie vorüberziehen lassen sollten. Dies sollte immer dann der Fall sein, wenn Sie in stiller Meditation sitzen.

Frage: Ich schaffe es einfach nicht, während der Meditation stillzusitzen. Was kann ich tun?

Dieses Problem haben viele Menschen. Es fällt sehr schwer, stillzusitzen, wenn der Körper voller geistiger, seelischer oder körperlicher Anspannung ist. Versuchen Sie es mit den Bewegungsmeditationen im ersten Kapitel des zweiten Teils. Sie wurden speziell dazu entwickelt, erst die Anspannungen des Körpers und des Verstandes zu lösen, damit es Ihnen leichter fällt, hinterher schweigend dazusitzen.

Frage: Was mache ich mit all den unangenehmen Gefühlen, die während der Meditation aufkommen?

Bemühen Sie sich, sie zu akzeptieren. Erlauben Sie ihnen, einfach dazusein, ohne sie zu bewerten. Seien Sie voller Mitgefühl für sich selbst. Wenn Sie versuchen, sie loszuwerden, zu unterdrücken oder zu bekämpfen, wachsen sie an und verursachen nur noch mehr Ärger. Entspannen Sie sich einfach, beobachten Sie und nehmen Sie sie an. Diese Gefühle verschwinden, wenn die Zeit gekommen ist.

Frage: Während der Pausen-Technik habe ich festgestellt, dass ich nicht in meinem Körper gegenwärtig war, sondern mich mit dem befasst habe, was sonst noch im Raum vor sich ging. Wie stelle ich das ab?

Das müssen Sie nicht abstellen. Richten Sie Ihre Achtsamkeit nur voller Hinnahme und Mitgefühl für sich selbst auf das, was ist. Eine Meditationsübung durchzuführen bedeutet nicht, dass Sie im Meditieren »perfekt« werden oder »es genau richtig machen«. Es geht um die Achtsamkeit gegenüber dem, was ist, gefolgt von dessen Annehmen.

Frage: Muss ich mich auf etwas Bestimmtes konzentrieren?

Konzentration sowie jede andere Form des Zwangs, mit dem Sie versuchen, Ihren Verstand auf etwas Bestimmtes zu richten, kann zu unterschwelligen Anspannungen im Körper führen. Je mehr Sie es versuchen, desto weniger werden Sie erreichen. Entspannen Sie einfach nur Ihren Körper, richten Sie Ihre Achtsamkeit auf die Atmung und beobachten Sie, was immer auch geschieht. Je entspannter Sie sind, desto leichter fällt Ihnen die Meditation. Richten Sie die Achtsamkeit immer auf Ihren Körper. Fangen Sie dort an, wo Sie sich befinden, in Ihrem Körper. Prüfen Sie, ob Ihr Körper es bequem hat. Verspüren Sie das Bedürfnis, Ihre Haltung zu verändern, so tun Sie es voller Achtsamkeit und machen Sie es zu einem Teil der Meditation. Dann beobachten Sie einfach, wie Ihre Gedanken vorüberziehen, wie Gefühle aufkommen und vergehen. Der Verstand und das Ego werden versuchen, das Ganze kompliziert zu machen, aber das ist es nicht. Es ist sehr einfach.

Frage: Gibt es eine bestimmte Tageszeit, die am besten zum Meditieren geeignet ist?

Morgens sind wir am aufnahmefähigsten, frisch und verbunden mit unserer inneren Weisheit und Klarheit, im Einklang mit unserem Herzen. Nach einer gut durchschlafenen Nacht sind wir meistens viel entspannter. Es fällt uns leichter, am Morgen zu meditieren.
Dennoch kann es sein, dass Sie einige der aktiveren Meditationen wie Schütteln, Tanzen oder Gibberisch lieber am Ende Ihres Arbeitstages durchführen, um sich von den Anspannungen des Körpers und des Geistes zu befreien. Es kann also genauso richtig sein, am Abend zu meditieren.

Frage: Ich verstehe nicht so recht, wie mir die Meditation helfen soll, wenn ich einen sehr anstrengenden Beruf und einen vollen Terminkalender habe.

Wenn Sie auch nur fünf oder zehn Minuten täglich dafür aufwenden, regelmäßig zu meditieren – und wenn Sie nur eine einfache Atemübung durchführen –, so werden Meditation und Entspannung mit der Zeit zu einer festen Unterströmung Ihres Arbeitstages. Sie werden nicht allen Stress loswerden, der mit Ihrem Beruf verbunden ist, aber Sie werden viel besser mit ihm zurechtkommen.

Frage: Ich habe keine Zeit zu meditieren oder zu entspannen. Wie schaffe ich mir den entsprechenden Freiraum dafür?

Haben Sie 30 Sekunden übrig? Nehmen Sie sich genau jetzt 30 Sekunden Zeit, ganz bei sich selbst zu sein und mit Ihrem inneren Wesen in Verbindung zu treten. Lassen Sie sich ganz und gar darauf ein. Sehen Sie, es kommt auf die Art und Weise an, wie Sie diese Zeit verbringen, nicht auf den Umfang an Zeit, den Sie aufbringen. Wenn Sie täglich 30 Sekunden ganz und gar mit sich selbst verbringen, hat das eine stärkere Wirkung, als wenn Sie eine Stunde lang gegen die Zeit ankämpfen und Ihr Herz nicht beteiligt ist, weil Sie ständig abgelenkt sind.

Beginnen Sie mit einer der kurzen Meditationen aus Kapitel 1 oder 5. Denken Sie daran, die Sache unbeschwert und langsam anzugehen. Einen einfachen Schritt nach dem anderen.

Frage: Die letzten 30 Minuten kamen mir wie nur zehn Minuten vor. Ist das normal? – Die letzten zehn Minuten kamen mir wie 30 Minuten vor. Ist das normal?

O ja, beides ist durchaus normal. Wenn der Verstand sehr beschäftigt ist, dann scheint die Zeit nicht voranzuschreiten. Ist der Verstand ruhiger, scheint die Zeit zu fliegen. Wenn Sie meditieren, wird Ihnen wahrscheinlich beides passieren. Versuchen Sie nicht, diese Erfahrungen zu bewerten oder miteinander zu vergleichen. Weder das eine noch das andere ist besser. Nehmen Sie einfach hin, was immer auch geschieht – sei es erfreulich oder unangenehm, Ihr Verstand aufgewühlt oder ruhig.

Die Fähigkeit, alles mit Gleichmut zu betrachten, verbindet Sie mit Ihrer inneren Oase des Friedens, der Ruhe und Gelassenheit. Denken Sie daran, dass in der Meditation nichts richtig oder falsch ist. Alles ist einfach so, wie es ist.

Wie Sie auftretende Schwierigkeiten überwinden

Man gewinnt an Stärke, Mut und Vertrauen bei jeder Erfahrung, in der man wirklich innehält, um der Angst ins Gesicht zu blicken ... Man muss die Dinge tun, die man nicht kann.
Eleanor Roosevelt

Zur Meditation bedarf es keines speziellen Abschlusses, besonderer Fähigkeiten oder Eigenschaften. Es ist etwas, das jeder lernen kann. Und doch sagen viele Leute, dass es ihnen nicht gelingt. Warum nicht? Was geschieht denn, wenn wir die Augen schließen und in uns gehen? Warum wollen wir dort nicht verweilen?

Vielleicht gefällt uns nicht, was wir dort vorfinden – den Mahlstrom des Verstandes, die Ängste und Sorgen, die er erschafft. Wir möchten nicht mit diesen unbequemen Gefühlen allein gelassen werden: mit dem Schmerz, der Eifersucht, der Wut, der Verzweiflung und der Hoffnungslosigkeit. Wir wissen nichts mit ihnen anzufangen. Also beschäftigen wir uns mit der Außenwelt, mit der Arbeit, mit jeder Art von Geschäftigkeit und ignorieren diese Gefühle. Vielleicht, so hoffen wir, verschwinden sie ja von ganz allein.

Je mehr Sie in sich selbst ruhen, je mehr die sanfte Freude und der Frieden, welche die Meditation schenkt, Ihr Wesen durchdringen, desto weniger überwältigend wirken Hindernisse. Und natürlich können Sie jederzeit auf die Lach-Meditation zurückgreifen, um sich an Ihren Sinn für Humor zu erinnern.

Ängste

Wer von uns vermag durch seine Sorgen sein Leben auch nur um ein Weniges zu verlängern?

Alan Watts

Oftmals halten unsere Ängste uns von der Meditation ab.

Wovor haben wir solche Angst? Davor, wir selbst zu sein, zu entdecken, wer wir wirklich sind. Natürlich besteht ein großer Unterschied zwischen echter Furcht und dem Kaleidoskop von drückenden Sorgen, unter denen heutzutage so viele Menschen leiden. Echte Furcht ist ein Überlebenssignal, das bei großer Gefahr ertönt. Es lässt sich nicht kontrollieren, sondern kommt und verlangt unsere Aufmerksamkeit in Zeiten der Gefahr. Alle Tiere wissen darum. Ängstlichkeit wiederum ist die Angst, die unser Verstand kreiert. Und genau diese Ängstlichkeit untergräbt bei vielen von uns das Meditieren.

In seinem Buch *Denial of Death*, für das er den Pulitzer-Preis bekam, beschreibt Ernest Becker die Menschen als »überängstliche Tiere, die ständig Gründe ins Feld führen, warum sie von Ängsten geplagt werden – auch wenn es gar keine Veranlassung gibt«. Ungerechtfertigte Ängste üben eine Macht über uns aus, die sie über keine andere Kreatur dieser Erde besitzen. Im Gegensatz zur echten Furcht sind grundlose Angstzustände selten logisch. Übungen zur Achtsamkeit können Ihnen dabei helfen, den Unterschied zwischen beiden zu erkennen.

Achtsamkeit zu üben kann helfen, den Zustand ängstlicher Verkrampfungen umzukehren und sich die eigenen Ängste bewusst zu machen. Sobald wir die Ängste erkennen und uns ihnen stellen, merken wir, dass sie ihre Kontrolle über uns verlieren. Dazu brauchen Sie Mut. Ich denke, wir verwechseln oftmals Mut mit Furchtlosigkeit. Aber das ist nicht richtig. Mut bedeutet, dass wir der Angst ins Gesicht sehen, ohne von ihr beherrscht zu werden.

Ich möchte damit keineswegs andeuten, dass das einfach ist. Eine meiner Klientinnen hatte den Mut, mir gegenüber einzugestehen, dass sie sich vor der Meditation fürchtete. Man kann davon ausgehen, dass jemand Angst empfindet, wenn er unvermutet einem Löwen oder Tiger in seinem Hinterhof begegnet. Aber auch, wenn wir uns selbst begegnen? Vielleicht liegt hierin die größte Angst. Ich schlug ihr vor, dass sie zuallererst einmal die Angst zulassen sollte.

Diese Angst für alle hörbar einzugestehen war ein großer Schritt. Vielleicht wurde uns eingetrichtert, dass es feige oder schwach sei, wenn wir zugeben, dass wir Angst haben. Dennoch ist die Angst ein natürlicher Bestandteil des Lebens. Jeder hat irgendwann im Leben einmal mit ihr zu kämpfen.

Danach empfahl ich ihr, eine der einfacheren Techniken auszuprobieren – wie jene im ersten Kapitel des zweiten Teils. Außerdem verwies ich darauf, dass sowohl Lachen als auch das Sich-Öffnen gegenüber liebevollen Gefühlen sehr gut helfen, Ängste zu vertreiben. Ich bat sie, darüber nachzudenken, wie sie diese Möglichkeiten verstärkt in ihrem Leben umsetzen könnte.

Sie benötigte eine Weile, bis sie das entsprechende Selbstbewusstsein entwickelte. Doch als sie die Ängste annahm, deren Anwesenheit zuließ, merkte sie, dass diese Gefühle ganz von selbst verschwanden, sobald sie völlig im Augenblick gegenwärtig war. Sie sah, wie sich ihre Ängste in der Gegenwart des Glücks einfach auflösten.

Die Meditationen, die mich am wirkungsvollsten von der einschnürenden Kontrolle der Ängste über meinen Verstand befreiten, sind die Osho-Dynamik- (Seite 58), die Mystische-Rosen- (Seite 172), die Gibberisch- (Seite 55), die Lach- (Seite 80) und die Tanz-Meditation (Seite 49). Nachdem ich in den vergangenen 20 Jahren diese und andere Techniken regelmäßig anwendete, bin ich jetzt in der Lage, die Weisheit meines Körpers und meines Herzens deutlicher zu vernehmen. Daher handle ich aus einem integralen Teil meiner selbst heraus und werde nicht allein von meinem Verstand regiert.

Die Meditation hilft, sich vom Verstand zu lösen, in dem Angst, Misstrauen und Sorgen ihren Hauptsitz haben, und sich in das eigene Herz zu begeben, in dem wir Mut, Vertrauen, Liebe, Mitgefühl, Humor und Freundlichkeit finden. Natürlich wollen wir den Verstand nicht völlig abschalten. Wir brauchen ihn. Aber nur dann, wenn er durch das Herz ausbalanciert wird, vermag er wirklich sein Bestes zu geben – den großen Reichtum an Kreativität, positiven Gedanken und Ideen.

Wir alle müssen angemessene Vorkehrungen in unserem Leben treffen, um Risiken und gleichzeitig auch unsere Anspannung zu minimieren. Die Achtsamkeit, die aus der Meditation erwächst, unterstützt uns dabei, die Gefahren eines aufziehenden Sturms richtig einzuschätzen. Sie leitet uns an, das Leben in den ungetrübten Zeiten zwischen diesen Stürmen umfassender zu genießen.

Techniken zur Bewältigung von Ängsten

Wenn Sie häufig unter Ängsten leiden, dann sollten Sie die folgende sanfte Technik ausprobieren: Jede Nacht, bevor Sie einschlafen, sagen Sie »Ja, ja, ja« vor sich hin. Stimmen Sie sich darauf ein, schwingen Sie mit, lassen Sie sich von den Zehen bis zum Kopf davon vereinnahmen. Lassen Sie sich durchdringen. Wiederholen Sie »Ja, ja, ja«. Machen Sie diese Aussage zu einem zehnminütigen Abendgebet und schlafen Sie danach ein.

Gleich nach dem Aufwachen am nächsten Morgen sagen Sie von neuem mindestens drei Minuten lang »Ja, ja, ja«. Erfühlen Sie es, spüren Sie es bis in die Knochen.

Merken Sie tagsüber, dass Sie besorgt, verängstigt, depressiv oder negativ werden, so beginnen Sie wieder mit der Litanei: »Ja, ja, ja«. Bietet sich Ihnen die Möglichkeit, dieses Wort laut auszusprechen, so tun Sie es. Im anderen Fall sagen Sie es einfach lautlos. Versuchen Sie es dabei zu erfühlen. Spüren Sie, wie Ihr Körper widerhallt von diesem »Ja, ja, ja«.

Eine andere hilfreiche Technik besteht darin, die Ängste zu benennen. Sprechen Sie sie laut aus, besonders dann, wenn Ihnen ein Freund zuhört, jemand, der Sie liebt. Die Macht, die diese Ängste über Sie ausüben, wird schwinden.

Wenn Sie sich davor fürchten, etwas Bestimmtes zu tun, so fragen Sie sich: »Warum habe ich so viel Angst?« Dies ist ein wirkungsvoller Schritt, um den Klammergriff der Angst zu lösen, zu handeln und sich vorwärts zu bewegen. Probieren Sie, ob Sie trotz Ihrer Ängste zum Handeln fähig sind. Treten Sie in sie ein. Machen Sie es wie Eleanor Roosevelt, die einmal sagte: »Man muss die Dinge tun, die man nicht kann.«

Eine Technik zur Umwandlung von Angst in Liebe

Diese Technik habe ich von Osho gelernt. Viele Menschen finden sie sehr hilfreich. Setzen Sie sich auf einen Stuhl oder nehmen Sie eine andere bequeme Sitzposition ein. Falten Sie die Hände im Schoß. Legen Sie dabei die rechte Hand unter die linke. Die Daumen berühren sich. Das ist sehr wichtig, denn die rechte Hand ist mit der linken Hirnhälfte verbunden und in dieser entspringt die Angst. Die linke Hand ist mit der rechten Hirnhälfte verbunden und dieser entspringt der Mut. Dies bringt Energie in eine gesunde Beziehung und hilft Ihnen, ins Gleichgewicht zu kommen.

Schließen Sie nun die Augen und werden Sie sich Ihrer Atmung bewusst – wie Ihr Atem ein- und ausströmt. Lassen Sie Ihren Unterkiefer etwas heruntersinken und entspannen Sie sich, damit Sie durch den Mund atmen können. Atmen Sie durch den Mund, so erreicht der Sauerstoff direkt den Brustkorb. Das hilft, einen neuen Atemrhythmus zu entwickeln und diesen zur Gewohnheit zu machen.

Sitzen Sie still da und tun Sie 40 Minuten lang nichts. Dehnen Sie die Übung nach und nach auf eine Stunde aus. Führen Sie sie täglich durch. Wenn Sie keine 40 Minuten durchhalten, so beginnen Sie mit zehn Minuten und steigern Sie sich langsam und stetig. Führen Sie die Übung aber auf jeden Fall täglich durch. Nach ein paar Wochen werden Sie den Unterschied merken: Sie haben mehr Mut und weniger Angst.

Unbequeme Körperhaltungen

Ein weiteres großes Problem, das Menschen vom Meditieren abhält, liegt in den traditionellen Haltungen. Vielleicht sehen Sie im Geiste, wie Sie im schmerzhaften Lotussitz verharren und stundenlang Mantras herunterleiern. Das wirkt nicht sehr ansprechend? Ich stimme Ihnen zu. Darum meditiere ich auch nicht auf diese Weise. Und aus diesem Grund haben die wenigsten, hier vorgestellten Meditationen etwas mit Sitzen zu tun. Ich hoffe, im Laufe des Buches haben Sie erkannt, dass Sie jede Aktivität in eine Meditation verwandeln können: ob Sie tanzen oder Kauderwelsch reden, lachen oder joggen. Wenn Ihnen immer noch das Bild des Yogi in der Lotusposition vor Augen steht, dann sollten Sie aufstehen und einige der Bewegungsmeditationen aus dem ersten Kapitel des zweiten Teils ausprobieren. Finden Sie eine Technik, die Ihnen zusagt.

Das Gefühl, nicht weiterzukommen

Das Problem liegt nicht darin, dass wir nicht weiterkommen, sondern dass wir uns mit diesen Gedanken identifizieren und sie für die Wirklichkeit halten. Wir gehen davon aus, dass wir tatsächlich nicht weiterkommen. Aber der Verstand hat keine Ahnung von Meditation. Meditation liegt außerhalb des Verstandes. Die Wahrheit über Meditation erleben wir als direkte Erfahrung. Sie ist kein abstrakter Gedanke. Und unsere Herzen werden uns über unsere Meditationen immer die Wahrheit sagen. Also hüten Sie sich vor den Gedanken Ihres Verstandes, der Ihnen irgendetwas über Ihre Meditationen weiszumachen versucht, sei es nun gut oder schlecht. Das Gute wird nur Ihr Ego über Gebühr aufplustern und das Schlechte wird versuchen, Sie von Ihren Übungen abzubringen. Beobachten Sie sie einfach nur, als seien sie Spieler in einem Tennismatch – depersonalisiert, urteilsfrei.

Sollen und Müssen

Dies ist ein guter Zeitpunkt, um sich in Erinnerung zu rufen, dass wir in der Meditation kein bestimmtes Ziel erreichen wollen. Seien Sie einfach im Augenblick gegenwärtig, mit allem, was er bereithält. Der Verstand wird danach trachten, Probleme zu schaffen, und uns weismachen, dass wir viel mehr in dieser oder jener Hinsicht sein könnten. Der Verstand ist sehr gerissen und erwischt uns oft vollkommen unvorbereitet. Damit bietet sich Ihnen eine weitere Gelegenheit, den Verstand und seine Tricks zu beobachten. Begeben Sie sich einfach nur erneut in den gegenwärtigen Augenblick und akzeptieren Sie ihn, wie er ist, was immer er auch enthält. Es ist der einzige Aufenthaltsort, an dem Sie sein sollten.

Der plappernde Verstand

Der Verstand stellt ein gewisses Problem dar. Er plappert unentwegt und wird versuchen, Sie von der Meditation abzubringen.

Er hat einfach gern die Kontrolle. Sie müssen Ihren Verstand nicht rund um die Uhr mit sich herumschleppen. Sie können lernen, ihn dann einzusetzen, wenn Sie etwas planen oder einkaufen müssen oder mit Ihrer neuesten Computer-Software nicht zurechtkommen. Wenn Sie sich hingegen entspannen, spazieren gehen oder die Wäsche waschen, sollten Sie sich vom Verstand depersonalisieren und die Gedanken vorüberziehen lassen. Stellen Sie sich vor, Ihr Verstand wäre ein Sessel. Wenn Sie sich setzen möchten, dann benutzen Sie den Sessel. Ansonsten hat er keinen Nutzen für Sie. Sie schleppen ihn nicht überall mit herum.

Die Natur steht in dieser Beziehung auf unserer Seite. Unser eigentlicher Regent ist nicht der Verstand, sondern das Herz. Der Verstand ist ein ausgezeichneter und gehorsamer Diener. Das ist sein rechtmäßiger Platz. Wenn Sie regelmäßig meditieren, dann wird Ihr Verstand mit der Zeit den ihm zukommenden Platz erkennen und einnehmen.

Das spirituelle Ich

Seien Sie vorbereitet auf die Angriffe Ihres Egos, das Sie zu dem Glauben verleiten wird, Sie wären bereits »angekommen«, Sie wüssten bereits alles. Der Verstand geht sehr listig vor und ist immer gierig. Die spirituelle Suche kann unter demselben Verhaftetsein mit dem Verstand leiden, das uns dazu veranlasst, nach Wohlstand oder Macht zu streben. Also geben Sie Acht und beobachten Sie und bleiben Sie mit Ihrem Herzen in Verbindung.

Was hält uns vom Weitermachen ab?

Ein wenig Meditation, und schon fühlen Sie sich besser. Alles sieht viel rosiger aus, die Bäume sind grüner, Liebe durchdringt Ihr Leben. Also gibt es keinen Grund, weiterzumachen, und Sie hören auf. Da die Dinge gut stehen, gehen Sie davon aus, dass Sie die Meditationen einstellen können. Aber die Energie, die Sie zum Meditieren erzeugt haben, wird schwinden, wenn sie nicht regelmäßig erneuert wird. Und dann sind Sie wieder in derselben alten Tretmühle mit all ihren Problemen. Noch schlimmer kann sich auswirken, dass die Enttäuschung darüber, dass das Ganze nicht von Dauer war, sich noch zu allem hinzugesellt. Haben Sie sich entschieden und darauf eingelassen, dann bleiben Sie auch dabei. Akzeptieren Sie die Herausforderung dieser wundervollen Reise, Ihrer inneren Suche, und halten Sie erst inne, wenn Sie Ihr tiefstes Inneres erreicht haben. Die Fähigkeit zu meditieren wird dann zu einem ständigen Gefährten.

Erwarten und Warten

Es gibt einen Unterschied zwischen Erwartung und dem schlichten Warten. Der Erwartung liegt ein Wunsch zugrunde, ein klares Ziel. Diese Erwartung wird Ihr Vorankommen blockieren. Wenn Sie einfach nur warten, ohne zu wissen, worauf, dann öffnen Sie sich dem Vertrauen – dem Vertrauen darauf, dass etwas so Wundervolles passieren kann, wie Ihr Verstand es sich nicht einmal vorzustellen vermag. Ein Wunder. Im Warten liegt eine Offenheit, ein Gefühl absoluter Empfänglichkeit und Unschuld. Sind Sie dazu fähig, wird die Meditation plötzlich genau dann in Ihnen erblühen, wenn Sie es am wenigsten erwarten.

Im Dunkeln herumtasten

Im Dunkeln herumzutasten ist Teil der Reise. Es kann sehr hilfreich sein, wenn Sie sich der Widerstände und Hindernisse bewusst sind: Warum befinden Sie sich nicht in einem Zustand der

Meditation? Wo wurde das Wachstum gebremst? Wo wurden Sie gelähmt? Dieses Herumtasten wird Sie aus der Dunkelheit befreien. Zu wissen, wo die Hindernisse liegen, führt Sie zu Ihrer eigenen Wahrheit – und Wahrheit ist Freiheit. Lernen Sie diese Freiheit zu verstehen.

Verändern Sie Ihre Einstellung zu »Schwierigkeiten«. Lernen Sie aus ihnen. Denken Sie daran, dass die wertvolle Perle anfangs von der Auster als Störung empfunden wird.

Warum meditieren Sie?

Früher oder später wird sich Ihnen diese Frage stellen.

Seien Sie sich selbst gegenüber ehrlich. Meditieren Sie, weil es gerade Mode ist, weil es alle tun? Sollte dies Ihre Motivation sein, so werden Sie enttäuscht, denn Ihnen geht es nicht um Meditation, sondern darum, nicht ausgeschlossen zu werden.

Der Wunsch nach Meditation muss aus einem tief verwurzelten Teil Ihrer selbst kommen. Weil Sie wissen wollen, wer Sie wirklich sind, weil sich etwas ändern muss, weil Ihre Art zu leben so einfach nicht funktioniert. Sie spüren das Bedürfnis nach mehr, nach etwas, das Sie tiefer befriedigt als die Anhäufung materieller Besitztümer, ein großartiger Job oder blendendes Aussehen.

Oberflächliche Beweggründe bringen auch nur oberflächliche Ergebnisse. Liegt Ihr Wunsch aber tief begründet in Ihrem eigenen Wesen und halten Sie trotz aller Hindernisse durch, obwohl Sie am Anfang keinerlei Bestätigung erfahren, so werden Sie wahrlich reich belohnt.

Ein paar Geheimnisse

Ich kenne keine ermutigendere Tatsache als
die unbestreitbare Fähigkeit des Menschen,
sein Leben durch bewusstes Streben zu erhöhen.
Henry David Thoreau

Wie Thoreau schrieb, besitzen wir die unglaubliche Fähigkeit, die Qualität unseres Lebens zu verbessern. Also sollten wir das auch tun. Im Laufe des Buches habe ich Ihnen eine große Bandbreite von Techniken vorgestellt, von Übungen, die Sie in 30 Sekunden oder auch drei Wochen durchführen können, von einfachen Methoden zu energieintensiven. Außerdem haben Sie gelernt, wie Sie die Meditation in Ihren Alltag einbinden können, in Ihre Arbeit, Ihre Beziehungen, Ihre Freizeit, wie Sie sie zu einem Teil jener Aktivitäten machen, denen Sie bereits nachgehen. Würde man mich aber bitten, zu sagen, was das Beste am Meditieren ist, dann würde ich die folgenden 15 Geheimnisse nennen. Ich hoffe, sie werden Ihnen helfen, das Gold zu finden, das schon auf Sie wartet.

Üben Sie jeden Tag

Um ein echtes Bedürfnis nach Meditation zu entwickeln, ist es besonders am Anfang sehr hilfreich, eine tägliche Routine einzuführen. Auch wenn Ihnen am Morgen nur zehn Minuten zur Verfügung stehen, sollten Sie diese Zeit täglich der Meditation widmen. Den meisten Menschen hilft es außerdem, wenn sie jeden Tag zur selben Zeit meditieren. Dabei ist nicht wichtig, welche Tageszeit Sie wählen, sondern dass Sie sich wohl fühlen. Wenn Sie morgens aufstehen, so erwarten Körper und Verstand zum Beispiel, dass es Frühstück gibt. Das ist Ihre Gewohnheit, ist das, was Sie immer tun. Auch aus der Meditation können Sie eine Gewohnheit machen.

Denken Sie allerdings daran, dass Sie den Fortgang der Meditation nicht kontrollieren können. Er ist unabhängig davon, wie organisiert oder diszipliniert Sie sind. Schaffen Sie einen Raum dafür, in dem Sie sich entspannen und einfach warten können. Die Meditation *wird* geschehen.

Schaffen Sie einen besonderen Ort

Wenn Sie einen Rosengarten anlegen wollen, so bereiten Sie zuerst den Boden vor. Steine und altes Wurzelwerk müssen entfernt werden. Sie müssen die richtigen Bedingungen schaffen, den richtigen Ort. Sie müssen diesen Ort mit einem Zaun schützen. All diese Vorbereitungen sind notwendig, wenn Sie einen Rosengarten schaffen wollen. Das Gleiche gilt für die Meditation.

Was aber sind die richtigen Bedingungen für die Meditation? Wie sieht der richtige Ort aus? Am besten ist es, wenn Sie einen besonderen Raum für Ihre Meditation zur Verfügung haben. Eine kleine Zimmerecke reicht völlig aus, sofern Sie diese nur zum Meditieren nutzen. Der Ort selbst wird meditativ, denn jede Handlung schafft ihre eigenen Schwingungen und jedes Mal, wenn Sie meditieren, wird der Ort diese Schwingungen aufnehmen. Am nächsten Tag werden diese Schwingungen auf Sie übergehen. Sie helfen, sie revanchieren sich, sie antworten.

Wenn Sie lieber im Freien meditieren, dann bietet sich vielleicht ein Baum an. Bäume befinden sich ständig in Meditation. Oder strecken Sie sich auf dem Boden aus und sehen Sie zu den

Sternen hinauf. Sie können auch an einem Flussufer, einem Bach oder ruhigen See sitzen. Sie sollten spüren, wie die Lebensenergie um Sie herum fließt, pulsiert und strömt. Besteht Ihre einzige Verbindung zur Natur in einer Feuerleiter oder einem Balkon, dann machen Sie diese zu Ihrem Meditationsort. Etwas Geeignetes findet sich immer.

Vielleicht hätten Sie auch gern ein besonderes Kissen, einen speziellen Stuhl oder Sessel zum Meditieren. Stellen Sie das Telefon ab und schalten Sie selbst ab. Ziehen Sie die Schuhe aus und lassen Sie zusammen mit Ihren Schuhen alles hinter sich, das Sie bis zu diesem Zeitpunkt beschäftigt hat.

Tragen Sie eine Augenbinde

Sind die Augen entspannt, kann auch der Körper besser entspannen. Aus diesem Grund schließen wir beim Meditieren die Augen. Besonders am Anfang fällt es uns schwer, die Augen geschlossen zu halten. Eine Augenbinde ist daher sehr hilfreich. Es ist eine Sache weniger, mit der Sie sich befassen müssen. Denken Sie daran, immer den einfachsten Weg zu wählen.

Seien Sie spielerisch. Haben Sie Spaß

Wenn Sie sich fragen, ob eine Methode für Sie geeignet ist, so stellen Sie fest, ob Sie Ihnen Spaß macht. Meine Daumenregel lautet: Greifen Sie zu den Techniken, die Ihnen Spaß machen, und genießen Sie diese Techniken.

Es besteht keinerlei Veranlassung, Meditation als düster und ernst zu empfinden. Haben Sie Spaß daran. Genießen Sie die Komödie, die Verrücktheiten, die in Ihnen losgelassen werden. Genießen Sie das Gefühl, so erfrischt und unbelastet wie einst als Kind zu sein.

Verstecken Sie sich nicht vor sich selbst

Alle werden als Samenkorn geboren und warten darauf, zu erblühen, um die eigene, einzigartige Schönheit in die Welt zu bringen. Die Meditation kann Ihnen helfen, sich selbst zu entdecken, den Mut zu finden, sich den eigenen Ängsten zu stellen und die Person zu werden, als die Sie geboren wurden.

Begegnen Sie sich voller Mitgefühl

Nehmen Sie sich selbst gegenüber stets eine positive Haltung ein. Beim Meditieren kommt es nicht darauf an, perfekt zu sein. Das Entscheidende ist, zu *sein*. Nehmen Sie sich an, wie Sie sind. Ziehen Sie niemals Vergleiche mit anderen. Denken Sie daran, das zu lieben und zu schätzen, was *Sie* ausmacht und was *Sie* zu geben haben.

Entspannen Sie sich in Ihrer Normalität

Bemühen Sie sich nicht zu sehr, irgendeiner Vorstellung meditativer Perfektion gerecht zu werden. Gestatten Sie sich einfach, Sie selbst zu sein. In der Meditation geht es nicht um außergewöhnliche körperliche Meisterleistungen oder sofortige Erleuchtung. Es geht darum, sich im Wunder und in der Freude des Normalen, des Alltäglichen, dem Kaffeesatz des wahren Lebens zu entspannen.

Lassen Sie spontane Freude in Ihr Leben

Wir gehen gewöhnlich davon aus, dass Freude einen Grund haben müsse: Wir haben ein neues Haus gekauft, wir haben eine neue Liebesbeziehung, unser Sohn oder unsere Tochter hat gerade das Abitur bestanden. Aber diese Freuden sind an einen kurzen Moment gebunden. Sie sind abhängig von der Außenwelt. Wird Freude durch eine *Sache* hervorgerufen, so wird sie immer nur kurzfristig und vergänglich sein. Und nach dem Gipfel der Freude durchleben Sie oftmals ein ausgeprägtes Tief, verspüren eine tiefe Traurigkeit.

Die Freude, die der Meditation entspringt, ist eine völlig andere Art des Glücksgefühls: Ohne jeden Grund erfüllt Sie plötzlich Freude und Sie können sie auch mit nichts Bestimmtem in Verbindung bringen. Fragt Sie jemand nach dem Grund Ihrer Freude, so können Sie ihm keinen nennen. Das Wunderbare an dieser Art der Freude liegt darin, dass sie nicht zerstört werden kann. Was immer auch geschieht, sie bleibt gegenwärtig. Diese Freude ist von Dauer, wie ein Faden, der fest in den Stoff Ihres Tages eingewebt ist. Ändern sich die äußeren Gegebenheiten, aber die Freude bleibt bestehen, so wissen Sie, dass Sie Ihre innere Freude gefunden haben und dass sie Ihnen niemand mehr nehmen kann.

Lassen Sie sich von Ihrem Körper leiten

Die Meditation sollte Ihnen kein schlechtes Gefühl vermitteln. Deprimiert Sie eine schweigende Sitzmeditation, so ist es an der Zeit, die Energie zu verlagern. Ihr Körper wird Ihnen mitteilen, wenn es so weit ist. Wenn Sie sich gut fühlen, so machen Sie weiter. Beginnen Sie sich im Laufe einer schweigenden Sitzmeditation immer unwohler zu fühlen, so steigen Sie um auf Kauderwelsch, Langstreckenlauf, Joggen oder irgendeine andere körperliche Aktivität, die Ihnen Spaß macht. Erst danach versuchen Sie es wieder mit der Sitzmeditation.

Üben Sie das Nichts-Tun

Unsere Kultur legt sehr viel Wert auf Tatkraft, darauf, »etwas zu schaffen«. Daher fällt es den meisten von uns sehr schwer, sich beim Nichts-Tun wohl zu fühlen. Nichts-Tun lehrt uns, in nichts anderem verhaftet zu sein als der schieren Freude am Leben. In diesem losgelösten Zustand haben Sie oftmals Zugang zu einer hochgradig kreativen Ader und wird Ihnen Ihr innerstes Wesen vertraut. Alle kreativen Menschen wissen, dass genau die Anspannung, die aus dem Wunsch nach bestimmten Ergebnissen entsteht, den kreativen Prozess blockiert und den klaren Blick auf Zusammenhänge verstellt. Es geht darum, etwas einfach nur geschehen zu lassen, den Wunsch, loszulassen und das zuzulassen, was aufsteigt.

Dieser Augenblick ist aus sich selbst heraus vollkommen. Er bedarf keiner weiteren Geschehnisse.

Deautomatisieren Sie sich

Wenn ich nur ein einziges Geheimnis enthüllen dürfte, dann wäre es das folgende: Bringen Sie allem, was Sie tun, meditative Achtsamkeit entgegen. Ob Sie spazieren gehen, laufen, die Zähne putzen oder den Müll raustragen – tun Sie alles mit Bedacht und voller Achtsamkeit. Wenn Sie jemandem zuhören, so lauschen Sie aufmerksam, seien Sie gegenwärtig, unabhängig davon, ob die Person etwas Wichtiges erzählt oder nur tratscht.

Wenn Sie sich deautomatisieren, dann sehen Sie all die Wunder, die um Sie herum existieren. Die Blumen wirken farbenfroher als je zuvor, die Bäume grüner.

Machen Sie die Meditation zu einem festen Bestandteil Ihres Lebens

Wir trennen das Atmen nicht vom gesamten Rest unseres Lebens – wir atmen morgens, gehen zur Arbeit und denken nicht weiter über das Atmen nach –, es ist eine ständige Unterströmung, die all unsere Aktivitäten begleitet. Das gilt auch für die Meditation. Sie können alles bewusst, voller Achtsamkeit tun und Ihrem gesamten Tagesablauf die Gestalt einer Meditation verleihen, ob Sie nun Rechtsanwalt sind, Verkäuferin oder Journalist bei einer Zeitung, ein Loch im Garten graben oder am Straßenverkehr teilnehmen.

Meditation kann so natürlich sein wie atmen.

Erwarten Sie keinen Sofort-Transfer ins Nirwana

Sollten Sie einen augenblicklichen Übergang ins Nirwana erwarten, so werden Sie entmutigt, angespannt und verkrampft reagieren. Haben Sie Geduld. Die Blüten der Meditation öffnen sich nicht auf Kommando. Wenn Sie für etwas bereit sind, wird es auch geschehen. Wenn nichts geschieht, dann sind Sie vielleicht doch noch nicht bereit dafür. Bereiten Sie den Boden vor, indem Sie regelmäßig meditieren, und warten Sie einfach ab. Befinden sich Herz und Energie im Einklang, dann werden sich Ergebnisse einstellen.

Seien Sie aufmerksam

Das Wort »Achtsamkeit« stammt vom mittelhochdeutschen *Obacht* und dem altgermanischen *aechte* ab, was sowohl *beobachten* als auch *Acht haben, sich um etwas kümmern, es beschützen* umfasst. Kümmern wir uns also voller Liebe, Sorgfalt und Achtsamkeit um unsere inneren Gärten, so werden die Blumen eines Tages erblühen. Nicht weil wir Zwang oder Kontrolle ausgeübt haben, sondern weil wir den Boden bereiteten, die Samenkörner aussäten und dann über sie wachten. Alle Tipps, Techniken und Vorschläge in diesem Buch sollen dazu dienen, Ihnen bei der Pflege Ihres inneren Gartens zu helfen. Wenn Sie achtsam sind, dann werden Sie beobachten können, wie die Samenkörner sprießen und zu jungen Pflanzen heranwachsen. Eines Tages dann werden die Blumen plötzlich blühen und die Bäume voller Früchte hängen.

Lassen Sie die Meditation einfach geschehen

Schweigend dasitzen,
Nichts tun,
Der Frühling kommt
Und das Gras wächst von selbst.

Dieser Haiku, ein Gedicht des japanischen Zen-Meisters Basho, enthält das wahre Wesen der Meditation. Die erste Zeile erinnert uns daran, mit dem Körper zu beginnen. Entspannt sich der Körper und kommt er zur Ruhe, so wird auch der Verstand leiser. Sie tun nichts, genießen einfach nur die Ruhe. Es gibt keine Eile, keine Sorgen, keine Erwartungen, nur schlichtes Warten. Der Frühling kommt – nicht weil wir ihn herbeibefehlen, sondern weil es dem natürlichen Rhythmus der Dinge entspricht. Er wird kommen, das ist eine Tatsache. Sobald Sie dies verstanden haben, kennen Sie das größte Geheimnis: Es gibt Dinge, die Sie nicht tun können – aber Sie können sie geschehen lassen.

Danksagung

Viele Menschen haben mich beim Schreiben dieses Buches unterstützt. Niemand schreibt ein Buch allein und so gibt es zahlreiche Personen, denen ich für ihre Beiträge danken möchte, seien sie für mich persönlich bestimmt gewesen oder für das Buch.

Ich kann mir keine bessere Lektorin wünschen als Janet Goldstein bei Viking Penguin. Ihre kreativen Ideen, ihr praktisches Wissen, ihre Begeisterung und ihre Unterstützung bei diesem Projekt, mit denen sie mir von der ersten Zeile an beistand, haben mir großes Vergnügen bereitet.

Mein Dank gilt auch Tom Grady, einem großartigen Agenten, der seine Fähigkeiten und seine Erfahrung nutzte, um mich mit großer Sorgfalt durch den Irrgarten der Verlagswelt zu führen. Auf diese Weise vollzog sich die ganze Prozedur voller Anmut und Leichtigkeit.

Dank schulde ich ebenso Brenda Rosen für ihre beträchtliche Hilfe bei der Entwicklung des Exposés für dieses Buch.

Außerdem danke ich meiner wundervollen Redakteurin Caroline Pincus. Deine Wärme, dein Humor und deine Kreativität haben die Zusammenarbeit mit dir zum größten Vergnügen gemacht.

Ferner möchte ich mich bedanken bei Osho International, wo mir gestattet wurde, meinen Text um eine Auswahl an Oshos Meditationstechniken aus seinem Buch *Meditation. Die große Freiheit* zu bereichern.

Ganz besonders danken möchte ich Colleen Lindsey: für die Einsicht, Vorausschau und die Bitte, einen Meditationskurs bei Stacey's abzuhalten. An dieser Stelle sei außerdem Ann Trinca genannt: für ihre Begeisterung, ihren großen Einsatz und die Idee, die Stunden bei Stacey's »Erleuchtung in der Mittagspause« zu nennen. Dank sagen möchte ich auch Calla Devlin, Ingrid Nystrom, Jim Breeden und allen Mitarbeitern von Stacey's, die meine Unterrichtsstunden zu einem ausnehmend erfreulichen Erlebnis machten. Ich wurde jedes Mal voller Wärme, Zuneigung und Respekt willkommen geheißen.

All den wundervollen Frauen der San-Francisco-Ortsgruppe der NAWBO (National Association of Women Business Owner, amerikanischer Verband der Unternehmerinnen), der Ortsgruppe des Charter 100 Clubs von San Francisco und des MAFE (Marine Branch of the National Association of Female Executives, Sektion des amerikanischen Verbands der Managerinnen) danke ich für ihre Wärme, ihre Begeisterung, ihren Humor und die unschätzbare Unterstützung meiner Arbeit.

Aus tiefstem Herzen möchte ich mich bei all den Menschen bedanken, deren Geschichten in diesem Buch uns so sehr geholfen haben.

Gar nicht genug danken kann ich Manuela Dunn. Du warst eine nie versiegende Quelle der Unterstützung und Freundschaft und du hast mich an deinem Wissen und deinen Erfahrungen aus der Verlagswelt teilhaben lassen.

Auch an die folgenden Freunde geht mein Dank, denn sie unterstützten mich mit ihrer Weisheit und ermutigten mich in meiner Arbeit und in meinem Leben: Mary O'Connor, Carol Oakes und Helen Strodl.

Außerdem sind hier zu nennen: Jeanette Vonier, die herausragende Fotografin und Freundin, sowie Betsy Bliss Nicholls wegen ihrer Ideen und Beiträge zum Manuskript.

Mein ganz besonderer Dank gilt Aileen Harvey, die das Manuskript las und mit der Weisheit ihres Herzens und Verstandes bereicherte.

Nirvan Richard Santoro, meinem langjährigen Finanzberater und Freund, danke ich dafür, dass er mich mit so viel liebender Güte durch die Feinheiten der Finanzwelt geführt hat.

Yogi Douglas Matheson, dessen großzügige Freundschaft ich schon seit vielen, vielen Jahren zu schätzen weiß, schulde ich ebenfalls Dank.

Ebenso Ricardo Molczadzki, dem besten Akupunkteur der Welt, für seine Weisheit, seine Einsichten und sein mitfühlendes Herz.

Ferner danke ich Niranjan Evarts für seine großzügige Hilfe, Freundschaft und kreativen Ideen.

Eine Dankeschön auch an Rahasya Barrack – deine nie versiegende Liebe und Ermutigung sind ein Schatz, den ich ganz besonders hüte.

Desgleichen bedanke ich mich bei meiner lieben Freundin Paula Zand: Du bist ein ganz besonderer Mensch, dessen Weisheit, Liebe und Freundschaft mir unersetzlich sind. Ich danke dir dafür, dass du mir geholfen hast, meinen Mut zu finden, und dafür, dass es dich gibt. Was für ein Geschenk bist du doch für diese Welt.

Und last, but not least geht mein Dank an meinen Sohn Paul. Ich danke dir dafür, dass du an mich geglaubt hast, für deine Liebe und Unterstützung, für deinen wundervollen Humor, deine Wahrhaftigkeit, deine Weisheit und Klugheit. Du bist der Größte.

Empfehlungen zu CDs und Kassetten

Für viele Meditationsarten eignet sich Entspannungsmusik. Daneben gibt es spezielle Meditationen auf CD. Die in diesem Buch genannten CDs und Kassetten finden Sie in esoterischen Buchhandlungen und auch im Internet, z. B. unter www.magicmusic.de

Möchten Sie mehr über Oshos Meditationen erfahren, seine Bücher oder Musikkassetten und CDs, die eigens als Begleitung für seine Meditationsübungen geschaffen wurden, so können Sie entweder über www.osho.com gehen, einer umfassenden Internetseite, die Sie in verschiedenen Sprachen aufrufen können, oder sich an folgende Adresse wenden:

Osho Verlag
Lütticher Str. 40
50674 Köln
Tel.: 02 21 / 27 80 40
Fax: 02 21 / 27 80 466
www.oshoverlag.de
E-Mail: info@oshoverlag.de

Sie erhalten dort Informationen über Oshos Meditationen,

Bücher, Kassetten und CDs sowie über eine Auswahl seiner Reden. Von Oshos wundervollen Büchern kann ich für Meditationen vor allem *Das Orangene Buch. Die Meditationen Oshos* und *Meditation. Die große Freiheit* empfehlen.

Mehr Informationen über mich können Sie unter www.pragito.com aufrufen oder unter der E-Mail-Adresse **pragito @pragito.com** erhalten.

Die Hörkassetten und CDs zu *Erleuchtung in der Mittagspause* sind ebenfalls über meine Homepage zu beziehen. Die Serie umfasst zurzeit die weiter unten aufgeführten Kassetten und CDs, die auch einzeln erhältlich sind. Ich habe die Kassetten als Begleitung zu diesem Buch geschaffen, sie sind also keine vollständigen Hörbücher. Ich hoffe, sie bereiten Ihnen Freude.

1. *Guided Relaxation/Transforming Tensions Meditation*
2. *Opening to Love Meditation*
3. *Wisdom of the Body Meditation*
4. *Laughter Meditation/Gibberish Meditation*
5. *Insomnia Meditation*
6. *Becoming a Witness to the Mind*
7. *The Mystic Rose Meditation*